Rotbuche
und
Steineiche

# Rotbuche und Steineiche

KRIEMHILD FINKEN

Laubbäume in alten Bildern
und Geschichten

 JAN THORBECKE VERLAG

*Für Luisa, Clara,*
*Charlotte, Lorenz*
*und Myrtille*

Autorin und Verlag danken Herrn
Dr. Eberhard Zwink, dem Leiter der
Abteilung Alte und Wertvolle Drucke der
Württembergischen Landesbibliothek
Stuttgart, für seine fachkundige
Unterstützung.

Bibliografische Information
der Deutschen Nationalbibliothek
Die Deutsche Nationalbibliothek verzeichnet
diese Publikation in der Deutschen National-
bibliografie; detaillierte bibliografische Daten
sind im Internet über http://dnb.d-nb.de
abrufbar.

© 2007 by Jan Thorbecke Verlag
der Schwabenverlag AG, Ostfildern
www.thorbecke.de · info@thorbecke.de

Dieses Buch ist aus alterungsbeständigem
Papier nach DIN-ISO 9706 hergestellt.

Gestaltung:
Burkhard Finken
Finken & Bumiller, Stuttgart
Gesamtherstellung:
Jan Thorbecke Verlag, Ostfildern
Printed in Germany
ISBN 978-3-7995-3532-8

Der Verlag weist ausdrücklich darauf hin,
dass dieses Buch kein medizinischer Ratgeber
ist. Sämtliche Schilderungen sind kultur-
geschichtliche Darstellungen, keinesfalls
Anleitungen zur praktischen Nachahmung.
Insofern wird keine Haftung übernommen.

# Inhalt

**VORWORT** Bäume stehen für Stärke und Unbeugsamkeit, für Schutz und Wärme. Sie begleiten das Leben der Menschen seit alters her, boten ihnen Nahrung und Heilmittel, lieferten Bauholz für Hütten, Boote und Zäune und wärmten mit ihrem Holz die Behausungen. Vom kleinsten Schmuckstück bis zum größten Haus konnte alles aus ihrem Holz hergestellt werden. Sie waren daher unentbehrlich für den Alltag und nehmen einen breiten Raum in den Erzählungen der Völker ein. Manchen Schöpfungsmythen zufolge entstand der Mensch gar aus einem Baum: So schrieb um 700 v. Chr. der griechische Dichter Hesiod, Zeus habe die Menschen aus der Esche geschaffen. Diese Vorstellung findet sich auch in der *Edda*. In der biblischen Schöpfungsgeschichte wurde *der Baum der Erkenntnis des Guten und Bösen* durch seine Frucht zum Schicksal für alle Menschen. Nirgendwo spiegelte sich das Fühlen und Denken des Volkes so sehr wider wie in alten Mythen, Sagen, Märchen und Bräuchen, von denen einige bis in unsere Zeit erhalten blieben. Viele davon handeln von Bäumen oder messen ihnen zumindest Raum in der Erzählung zu. In ihnen fühlt sich der Mensch selten »auf Augenhöhe« mit dem Baum, sondern bringt ihm vielmehr großen Respekt entgegen. Er ist Ernährer mit seinem Laub und den Früchten, wie die *Speise- und Futterbäume* Eiche, Buche und Ahorn belegen; sein Holz ist wesentlicher Werkstoff und einzige Wärmequelle, außerdem ein ganz wichtiger Arzneilieferant. Seine ursprüngliche helfende und schützende Funktion klingt im magischen Brauchtum nach, bei dem man Krankheiten in Bäume bannte und Unheil mit seinen Zweigen abwehrte.

Stets war sich der Mensch seiner geringen Lebensspanne im Verhältnis zum Baum bewusst. Dennoch pflanzte er – im Gedanken an seine Nachkommen – Bäume, die erst der nächsten oder übernächsten Generation einen Ertrag brachten. In China und Japan brachte man das beim Ginkgo mit dem Namen *Großvater-Enkel-Baum* zum Ausdruck. Beim Baum spricht man bei einer maximalen Lebensdauer von gut 100 Jahren von einem Baum mit geringer Lebenserwartung im Vergleich zu anderen, die mehrere Jahrhunderte oder gar ein Jahrtausend überdauern können. Das Erstaunen und der leichte Neid der Menschen über die lange Lebensdauer der Bäume finden ihren Widerhall in Hans Christian Andersens Erzählung *Der letzte Traum der alten Eiche:*

Im Walde, hoch an dem steilen Ufer, hart an der offenen Meeresküste, stand eine alte Eiche. Sie war gerade dreihundertfünfundsechzig Jahre alt, aber die lange Zeit war dem Baum nicht mehr, als es ebenso viele Tage uns Menschen sind. Wir wachen am Tag, schlafen in der Nacht und haben dann unsere Träume; mit dem Baum ist es anders, er durchwacht die drei Jahreszeiten, erst zum Winter kommt sein Schlaf. Der Winter ist seine Ruhezeit, ist seine Nacht nach dem langen Tag, welcher Frühjahr, Sommer und Herbst heißt. An manchem warmen Sommertag hatte die Eintagsfliege rings um seine Krone getanzt, geschwebt und sich glücklich gefühlt, und ruhte es dann aus, das kleine Geschöpf, einen Augenblick in stiller Glückseligkeit auf einem der großen, frischen Eichenblätter, dann sagte der Baum stets: »Arme Kleine! Dein ganzes Leben ist nur ein einziger Tag! Wie so gar kurz! Es ist doch traurig!« »Traurig? Was meinst du damit?«, antwortete dann stets die Eintagsfliege; »um mich her ist's ja wunderbar hell, warm und schön, das macht mich froh!« »Aber nur einen Tag, dann ist alles aus!« »Aus!« wiederholte die Eintagsfliege. »Was heißt aus? Bist du auch aus?« »Nein, ich lebe vielleicht Tausende von deinen Tagen, und mein Tag ist ganze Jahreszeiten lang. Das ist etwas so Langes, daß du es gar nicht ausrechnen kannst!« »So ist's, denn ich verstehe dich nicht! Du hast Tausende von meinen Tagen, aber ich habe Tausende von Augenblicken, in denen ich fröhlich und glücklich sein kann! Hört denn alle Herrlichkeit dieser Welt auf, wenn du stirbst?« »Nein«, sagte der Baum, »die währt gewiß viel länger, unendlich viel länger, als ich zu denken vermag.« »Aber dann haben wir ja gleich viel, nur daß wir verschieden rechnen!«

Und die Eintagsfliege tanzte und schwang sich in der Luft umher, freute sich über ihre feinen, kunstvollen Flügel, ihren Flor und Sammet, freute sich über die warmen Lüfte, die voll waren vom würzigen Duft des Kleefeldes und der wilden Rosen, des Flieders und des Geisblattes, der Gartenhecke, des Waldmeisters, der Schlüsselblumen und Krauseminze; es duftete so stark, daß die Eintagsfliege fast berauscht war. Der Tag war lang und schön, voll Freude und süßen Gefühls, und als dann die Sonne sank, fühlte die kleine Fliege sich recht angenehm ermüdet von all jener fröhlichen Lust. Die Flügel wollten sie nicht mehr tragen, und leise und langsam glitt sie hinab auf den weichen, wogenden Grashalm, nickte mit dem Kopf, wie sie eben nicken konnte, und schlief ein, süß und fröhlich – das war der Tod. »Arme kleine Eintagsfliege!« sagte die Eiche, »das war doch ein gar kurzes Leben!«

Die Geschichte der Bäume reicht bis weit vor die Entstehung des Menschen zurück. Erste Nadelbäume gab es schon zur Zeit des Karbon (etwa 360 bis 300 Millionen v. Chr.). Vor dem Ende der letzten deutschen Kaltzeit vor etwa 10.000 Jahren wanderten die ersten Weiden, Birken und Kiefern in die vom Eis befreiten Gebiete ein. Ihre Bestände waren jedoch noch zu vereinzelt, um dem Begriff Wald gerecht zu werden. Als dann das Eis um 8.000 v. Chr. vollständig abgeschmolzen war, verbreiteten sich in den verschiedenen Wärmezeiten einzelne Baumarten so sehr, dass man nach deren häufigstem Vorkommen von der *Birken- und Kiefernwaldzeit* sowie der *Hasel- und frühen Eichenmischwaldzeit* spricht. In diesen Wäldern fanden die Menschen als Jäger und Sammler alles, was sie außer tierischer Nahrung brauchten: Eicheln, Haselnüsse, Beeren, Pilze und Honig. In einer langen Übergangsperiode ab etwa 800 v. Chr. wurde die *Eichenmischwaldzeit* von der so genannten *Buchenzeit* abgelöst. Von da an griff der Mensch durch Roden in die bisher allein von der Natur gesteuerte Entwicklung ein, z.B. im Altertum durch das Abholzen vieler Wälder in Griechenland, Italien und Nordafrika. Zurück blieben verkarstete Berge, da die Bodenschichten durch Erosion abgetragen wurden. Im Mittelalter setzte sich die ständige Verringerung der Waldflächen durch Roden nun auch im deutschsprachigen Raum fort und erreichte ihren Höhepunkt im 18. Jahrhundert. Die daraus resultierende Holzknappheit ist maßgeblich für die Entwicklung der modernen Forstwirtschaft verantwortlich. Heute versucht man, Wälder nach dem Prinzip der Nachhaltigkeit zu bewirtschaften, das heißt, es darf nicht mehr Holz geschlagen werden als nachwächst. Doch durch Luftverschmutzung sind viele Bestände massiv bedroht; ein Ende dieser Gefahr ist nicht in Sicht. Hinzu kommt, dass einzelne Arten wie Ulme, Rosskastanie, Erle u.a. durch Krankheiten gefährdet sind.

Mittlerweile hat der Mensch zwar verstanden, wie wichtig der Baum für sein Überleben ist, doch bei der Umsetzung dieses Wissens in konkrete Maßnahmen gibt es noch immer keine nennenswerten Fortschritte. Dies bleibt künftigen Generationen als Aufgabe.

*November 2006,* KRIEMHILD FINKEN

# Eiche  {*Quercus*}

Seinen Namen trägt der Baum fast unverändert seit dem Mittelalter, wo man ihn *eich* nannte.

## Arten, Standorte und biologische Merkmale der Eiche
In Mitteleuropa wachsen heute vor allem *Stiel-* oder *Sommereichen* und *Traubeneichen,* auch *Winter-* oder *Steineichen* genannt. Da sie sich aber häufig gegenseitig bestäuben, also Bastarde bilden, vermischen sich ihre Merkmale so sehr, dass sie im Allgemeinen kaum unterschieden werden.

Von der Steinzeit bis zum Mittelalter war die Eiche bei uns neben der Buche sehr weit verbreitet. Die gängige Aussage, Germanien sei zur Römerzeit mit ausgedehnten Eichenwäldern bedeckt gewesen, ist sicher nicht richtig. Es waren stattdessen ausgedehnte Mischwälder, in denen vermehrt Buchen wuchsen. Heute sind alte Eichenbestände in Deutschland selten geworden. Es gibt sie aber noch, vor allem im Pfälzerwald und im Spessart.

Eichen sind stattliche Bäume mit oft unregelmäßiger Krone, da Blitz und Sturm zwar Äste abreißen, den Baum aber wegen der Verankerung mit seiner tief gehenden Pfahlwurzel, die bis zum Grundwasser reicht, selten ganz umwerfen können. Typisch sind vor allem beim frei stehenden Baum die tief ansetzenden, kräftigen Äste, die bereits jüngeren Bäumen ein knorriges Aussehen geben. Die Eiche, die andere Baumarten in ihrer Nähe gedeihen lässt, wächst sehr langsam, wird jedoch mit bis zu 1000 Jahren älter als fast alle anderen einheimischen Laubbäume.

Unverwechselbar ist die tief gefurchte, schwarze Borke des alten Baumes, während die Rinde der jungen Bäume graubraun und noch glatt ist.

Die Eichenblätter variieren in Form und Größe sehr stark; in ihrer Grundform sind sie jedoch meistens abgerundet gelappt. Außerdem behält der Baum wie nur wenige andere sein bereits abgestorbenes,

GROSSER, STATTLICHER BAUM MIT OFT UNREGEL-MÄSSIGER KRONE / BIS ZU 50 M HOCH / TIEF GEHENDE PFAHLWURZEL, DIE BIS ZUM GRUNDWASSER REICHT.

RECHTE SEITE
**Die Holzmaserung der Eiche**

braunes Laub bis zum Frühjahr. Eine in Bayern und Österreich verbreitete Sage erklärt beides: Die Ochsenhalter (Fuhrleute) waren
außer Rand und Band und trieben ringsum im Land üblen Schabernack. Deshalb wollte der Teufel sie holen. Gott gestattete es ihm mit
der Einschränkung: *Solang Blätter an den Bäumen hangen, / darfst du
nicht nach den Ochsenhaltern langen.* Vergebens freute sich der Teufel
auf den Winter, denn kein Sturm riss die verdorrten Eichenblätter
herab. In seiner Wut zerrte der Geprellte mit Zähnen und Klauen an
den Blättern. Seitdem sind sie so vielgestaltig und fallen in jedem
Jahr erst ab, wenn das neue Laub sprießt.

RECHTE SEITE
**Fuchs,
Kreüterbuch,
1543**

Blätter und Blüten der Eiche treiben zur gleichen Zeit. Die männlichen Staubgefäße hängen in mehreren grünlichen Kätzchen am
Ende vorjähriger Triebe zusammen; die weiblichen, rötlichen,
knöpfchenförmigen Einzelblüten aber wachsen an der Spitze junger
Triebe auf demselben Baum. Bei der Stieleiche sind sie langgestielt,
daher ihr Name, bei der Traubeneiche kurz- oder ungestielt mit bis
zu sechs zusammen wachsenden Einzelblüten, daher Traubeneiche.
Ihre Früchte, die anfangs grünen, später braunen Eicheln, fallen,
wenn sie reif sind, aus den napfförmigen, schuppigen Bechern.

## Geschichten und Brauchtum rund um die Eiche

Viele Völker der Antike verehrten die Eiche als heiligen Baum. Bei
den Griechen war sie dem Göttervater Zeus geweiht. Den Kelten
war der Baum so heilig, dass sie Frevel an einer Eiche mit dem Tod
bestraften. Die Germanen verehrten sie ebenfalls als Baum ihres
obersten Gottes Donar. Mit seinem von Ziegenböcken gezogenen
Wagen fuhr der mächtige Herrscher über den Himmel und warf seinen Blitze schleudernden Hammer auf die Erde, dabei verschonte er
die Eiche allerdings nicht. Etwas von der alten Scheu vor dem Baum
des Donnergottes steckt vielleicht in der volkstümlichen Warnung,
bei Gewitter nicht Schutz unter einer Eiche zu suchen; sie kann aber
auch auf der über Generationen gewonnenen Erfahrung beruhen,
dass Eichen besonders häufig vom Blitz getroffen werden, weil ihre
Wurzeln bis ins Grundwasser reichen.
Wie die Griechen verehrten die Germanen ihre Götter in heiligen
Hainen, in denen mächtige Eichen standen. Hier brachten sie auf
den Altären Tier- und Menschenopfer dar. Deshalb versuchten die
christlichen Missionare, die Machtlosigkeit der heidnischen Götter
durch Abholzen der heiligen Bäume zu beweisen. Das bekannteste
Beispiel dafür ist die Donareiche im hessischen Geismar, die Bonifatius fällen ließ. Sein Biograph Willibald berichtet anschaulich, wie

**QVERCVS** Eichbaum.

V

der Heilige 723 n. Chr, im Beisein vieler Heiden, den riesigen Baum von seinen Gefährten schlagen ließ. Die mächtige Eiche zerbrach bei ihrem Sturz in vier Teile, ohne jemanden zu verletzen. Trotzdem war Bonifatius überzeugt, die alte Verehrung lasse sich nicht ausrotten, sondern nur umdeuten. So ließ er aus dem Holz ein dem heiligen Petrus geweihtes Kirchlein errichten. Die zahlreichen Marien-Eichen, von denen fromme Legenden erzählen, ein Hirte oder Bauer habe einst ein Bild der Gottesmutter in ihren Ästen gefunden, und die danach oft zu Wallfahrtsorten wurden, wie Maria-Eich bei München, dürften vorher auch heilige Bäume gewesen sein.

Die vielen abergläubischen Volksbräuche gehen aber wohl nicht alle auf die Verehrung in heidnischer Zeit zurück, denn magische Kraft wurde den meisten Bäumen nachgesagt. Die Bräuche haben ihre Wurzel auch in der allgemeinen Vorstellung von einer beseelten Natur der monumentalen Gewächse und in dem tief sitzenden Wunsch des Menschen, Sicherheit in seinem Leben zu gewinnen und vor Krankheit und aller Unbill geschützt zu sein. Nur einige Beispiele: In Oberbayern empfahl der Brauch, dem Vieh Eichenlaub vom letzten Jahr, das man am Karfreitag vor Sonnenaufgang gesammelt hatte, zu fressen zu geben, um es vor Krankheit und Unfällen zu bewahren. Um frei laufende Hühner vor dem Fuchs zu schützen, schlug man in Franken drei Eichenpfähle in die Hauswiese. So weit wie der Schall beim Einschlagen drang, war der Hühnerdieb auf Dauer gebannt. Im Rheinland und in Westfalen verbrannte man an Weihnachten ein Eichenscheit. Die verkohlten Reste schützten vor Blitz und Unwetter, wenn man sie neben der Feuerstelle aufbewahrte; die auf die Felder gestreute Asche führte zu reicher Ernte. Das Bannen von Krankheiten in Bäume war in vielen Gegenden Brauch. Im Brandenburgischen lautete ein Rezept: Wenn das Fieber kommt, geh gegen den Wind zur Eiche! Sobald du unter dem Baum stehst, sprich:

RECHTE SEITE
Lonitzer,
Kreuterbuch,
1560

*Ach lieber Eichbaum, ich klag es dir,*
*Ein zehrend Fieber plaget mir,*
*Ach, lieber Gott, ich bitte dir,*
*Nimm doch diese Last von mir.*
*Ich bringe dir das warme und das kalte* (Fieber),
*Das erste Vögelein, das darüber fliegt, das mag es behalten.*

Die Erfahrung, dass es nicht immer sinnvoll ist, sich allen Widerständen trotzig entgegenzustellen, drückt der griechische Dichter Äsop in der folgenden Fabel am Beispiel der Eiche aus:

ist noch ein Geschlecht/nemlich/die Stechpalmen/Ilex aquifolia genennet/daruon dro=
ben im zwentzigsten Capitel gesagt ist.

Andere Geschlecht deß Eychbaums/als Ce
rus, Aegilops, Esculus, besihe bey den Lateini=
schen vnd Griechen.

## ¶ Natur oder Complexion.

Eychbaum zeucht zusammen/vnd wärmet ein
wenig/ist in der ordnung der ding/welche tem=
periert seyn/oder mittelmässige Natur haben.

## ¶ Krafft vnd wirckung.

Eychen Blet=
ter auff hitzige bö= **Hitzige Bla=**
se Blatern geleget/ **tern.**
heilen vnnd ziehen
die Hitz herauß.

Eychen Holtz
gesotten ist gut de=
nen/so blut speyen/ **Blutspeyen.**
das wasser also ge=
truncken/mit wein
gemischt.

Item den Frau= **Frauwen zeit**
wen/so langzeit jre **stillen.**
Kranckheit gehabt
haben/mit Eychen
laub vndenauff ge=
bähet/hilfft sie.

Eycheln gessen/bringen Hauptwehethumb/vnd blasen auff den Bauch.

Eychen Wurtzeln gesotten mit Kühmilch/vnd getruncken/ist gut wider gifftige Artz= **Gifft.**
ney.

Eycheln seind gut genützt den Frauwen/die zuviel flüssig seyn in jrer zeit/vnd sonder=
lich die mittel rinden an dem Holtz gesotten mit Wasser/vnd vndenauff mit gebähet/der
Dampff hilfft.

Die mittel Rinden von Eychbäumen/vnd das mittel von den Eycheln/das da ist zwi=
schen der Schalen vnd der Frucht/mit einander gesotten in Essig vnd Wasser/vnd auffs
wild Feuwer gelegt/als ein Pflaster/benimpt die Hitz. **Wild Feuwer.**

Eycheln gepúluert/sind gut wider den Bauchfluß oder Ruhr/oder tröpfflingen har= **Bauchfluß.**
ten/Kaltseych/Stein in Nieren vnd Blasen. **Kaltseych.**
**Stein.**

Die Eychelhültzlin/seind gut denen/so Blut speyen.

Für den Sodt nimb ein Eychenblat/legs auff die Zung/die feuchtigkeit die dir wirdt/ **Sodt.**
schlinge hinein/es hilfft.

Eychenbletter gestossen/auff ein frisch gehauwene Wunde gelegt/zeucht die zusammen/ **Wunden.**
also/daß mans nicht hefften darff.

Für das Zäpfflin im Halß/zerstosse Eycheln/nimb darunder gestossen Pfeffer/vnnd **Halßzäpfflin.**
weissen Hundskaat/mischs vnder einander/berühr oder bereibe das Zäpfflin darmit. Ab
dem Eychenmistel getruncken/hilfft fürs stechen.

*Eine Eiche und ein Schilfrohr stritten, wer von ihnen der stärkere sei. Als ein heftiges Unwetter aufkam, bog sich das Rohr unter den Sturmböen. Die Eiche aber stemmte sich vergebens dagegen und wurde entwurzelt. Das Schilfrohr jedoch richtete sich wieder auf, als das Unwetter vorüber war.*

## Die Eiche als Heilmittel und ihre praktische Nutzung

Seit dem Altertum finden Rinde, Blätter und Früchte eine breite Anwendung in der Heilkunst und Volksmedizin. Man schätzte vor allem die entzündungshemmende, blutstillende und keimtötende Wirkung. So vielfältig wie die zugeschriebenen Wirkungsweisen waren auch die Anwendungsmöglichkeiten: von Hauterkrankungen, Verbrennungen und Erfrierungen über Magen-, Darm- und Unterleibserkrankungen bis hin zum Schutz vor Fehlgeburten. Die Eichel wurde nicht nur zu Heilzwecken verwendet, sie war auch ein wichtiges Nahrungsmittel. Der römische Schriftsteller Plinius der Ältere, der beim Ausbruch des Vesuvs 79 n. Chr. ums Leben kam, behauptete: *Die Früchte der Steineiche waren die erste und ursprünglichste Nahrung der Menschen.* Ähnliches sagt ein angelsächsisches Runenlied: *Die Eiche ist auf Erden den Menschenkindern Nahrung des Fleisches.* Die Germanen mischten das aus der Eichel gewonnene Mehl mit dem verschiedener Getreidesorten. Dafür musste man die Eicheln jedoch entbittern. Dazu legte man die Eicheln etwa zwölf Stunden lang in stark verdünnte Milch und kochte sie anschließend in Wasser.

Als im Mittelalter durch Züchtung besserer Getreidesorten die Ernte reichlicher ausfiel, verlor die Eichel ihre Bedeutung als Nahrungsmittel und wurde zu einem wesentlichen Futter in der Schweinemast. Ein Sprichwort behauptete: *Auf den Eichen wachsen die besten Schinken.* Im Herbst trieb man die Tiere in den lichten Eichen- und Buchenmischwald. Ein oder mehrere Hirten hüteten die Schweine des gesamten Dorfes. Wie wichtig die Eichelmast war, zeigt das Verhalten der Grundherrn. Es gelang ihnen nämlich mehr und mehr, das ursprünglich allgemeine Recht auf Eichelmast ganz aufzuheben oder die Zahl der Tiere ihrer Hintersassen – das sind abhängige Bauern – zu beschränken oder nur gegen ein Entgelt zuzulassen. Ein besonders reicher Eichelsegen, ein *Mastjahr,* galt als Gnade des Himmels. Erst mit der Verbreitung der Kartoffel vor gut 200 Jahren verlor die Eichel ihre Bedeutung als Mastfutter.

Lange darüber hinaus, bis ins 20. Jahrhundert, behielt die Rinde ihre Bedeutung als Gerbstoff. Dafür wurden etwa alle 10 Jahre Eichen-

RECHTE SEITE
Kniphof,
Botanica
in Originali,
1757

QVERCVS foliis deciduis oblongis fuperne latioribus: finu-
bus acutioribus; angulis obtufis *Linn.*S.P.996.
*Ludw.* D. G. P. 890.
- - - - officin.
Robur,

stämmchen, die aus dem Wurzelstock nachgewachsen waren, in so genannten Lohwäldern geschlagen und geschält. In Gruben mit Eichenrindensud gerbte man anschließend Tierhäute zu Leder. Spricht man von der Qualität des Eichenholzes, muss man Hildegard von Bingen (1098–1179) zustimmen, die sagt, es sei hart und bitter und habe nichts Weiches an sich. Die Eiche war für alle Bereiche, in denen man hartes und dauerhaftes Material brauchte, bevorzugter Werkstoff. Wegen ihrer Widerstandsfähigkeit gegen andauernde Nässe war sie im Schiffs- und Brückenbau und bei der Herstellung von Fässern kaum zu ersetzen. Ihre unglaubliche Haltbarkeit im Wasser beweisen die Stützbalken, auf denen große Teile Venedigs und Alt-Amsterdams stehen, aber auch die römischen Brückenpfähle, die man im 19. Jahrhundert im Rhein bei Mainz während Grabungsarbeiten fand. Sie waren so gut erhalten, dass eine Pianofirma Klaviere daraus herstellte, die so berühmte Abnehmer wie Zar Alexander II. († 1881) und Kaiser Wilhelm I. († 1888) fanden. Im 18. Jahrhundert nannten die Engländer die Eiche zu Recht *father of ships.* Unzählige Eichen mussten für die englische Flotte abgeholzt werden. Selbst der deutschsprachige Raum blieb davon nicht verschont. Schon zwei Jahrhunderte zuvor hatten die Holländer Eichenwälder entlang der schiffbaren Flüsse fällen lassen und zu ihren Werften geflößt. An Wiederaufforstung dachte man selten. Heute wird Eichenholz gern in der Möbelindustrie und im Innenausbau verwendet. ☙

RECHTE SEITE
**Burgsdorf,
Holz-Arten,**
1790

*Quercus robur*

*Die Traubeneiche*

# Rotbuche { *Fagus sylvatica* }

Wie bei der Eiche hat sich der mittelhochdeutsche Name *buocha* im heutigen Namen erhalten. Den Namen Rotbuche erhielt der Baum wegen seines rötlich schimmernden Holzes.

## Standorte und biologische Merkmale der Buche

In den ausgedehnten Laubmischwäldern, die es seit prähistorischer Zeit bei uns gab, nahm die Buche den größten Raum ein. Im Gegensatz zur Eiche duldet sie kaum andere Gehölze in ihrer Nähe. Da die Buche kalk- und nährstoffreiches Erdreich liebt, trifft man noch heute große Buchenwälder auf den kalkreichen Böden der Schwäbischen Alb und des Fränkischen Juras an. Buchen wachsen im Wald zu mächtigen Bäumen mit geradem, oft bis in die Höhe astlosem Stamm, den eine breite Krone überwölbt. Anders als die Eiche wird sie selten mehr als 300 Jahre alt. Das dichte Blätterdach lässt kaum einen Sonnenstrahl durch. Da die Buche, vor allem als junger Baum, Schatten braucht, wächst sie mühelos im Buchenhochwald nach und muss nicht aufgeforstet werden. Ihre Borke bleibt bis ins hohe Alter glatt und animiert dadurch immer wieder Menschen dazu, sich in ihr zu verewigen. Dass sie sich in Stürmen behaupten kann, verdankt sie ihren seitlich tief ins Erdreich eindringenden Wurzeln, mit denen sie sich selbst an felsigen Hängen fest verankert. Ihre eiförmigen, welligen Blätter, die im Frühjahr Hellgrün gefärbt sind, nehmen im Sommer einen kräftigen Grünton an. Bei der Rotbuche, die wie die Eiche einhäusig ist, hängen die männlichen kugelförmigen Kätzchen an langen Stielen, die weiblichen Blüten stehen als filzige Köpfchen auf kurzen. Im Herbst fallen aus den stacheligen, aufspringenden Fruchtbechern die dreikantigen rot-braunen Bucheckern.

## Geschichten und Brauchtum rund um die Rotbuche
In den mythischen Vorstellungen der Völker spielte die Buche außer in speziellen Bereichen kaum eine Rolle.

MITTELGROSSER BIS GROSSER BAUM MIT ABGEWÖLBTER KRONE UND HOHEM, GERADEM STAMM / BIS 30 M HOCH / VERANKERT SICH MIT HERZWURZELN.

RECHTE SEITE
Die Holzmaserung der Buche

Die keltischen Weisen, die Druiden, ritzten heilige Zeichen, Runen genannt, auf Buchenholzstäbchen. Wer in die Zukunft schauen wollte, musste sich an die runenkundigen Priester wenden. Diese warfen bestimmte Runenstäbe auf ein Tuch und verkündeten dann die Antwort, die sich meist als ähnlich dunkel und mehrdeutig wie die des Orakels in Delphi erwies.

Mit manchen Sprüchen hoffte man, Macht über andere, ja selbst über die Natur zu erlangen. So überliefert die frühmittelalterliche *Edda* eine Anweisung für den Seemann, wie er sicher den Hafen erreicht:

*Brandungsrunen brauche, wenn du bergen willst*
*Auf der Fahrt das Flutenroß!*
*Man brennt sie auf den Steven und auf des Steuers Blatt*
*Und ritzt auf die Ruder sie.*
*Nicht ist so schwer die Brandung, noch so schwarz die Woge:*
*Zum Hafen kommst du heil.*

Runen dienten auch als Liebeszauber, deren Kraft selbst Götter sich zunutze machten. Der Gott Freyr z.B. ließ der widerspenstigen Riesin Gerd, die er als Braut gewinnen wollte, durch seinen Brautwerber androhen, er würde eine bestimmte Rune in drei Stäbe ritzen, die sie in *Argwohn, Irrsinn* und *Unrast* stürzen würden. Bei diesen Aussichten sah die Dame offensichtlich in der Ehe das kleinere Übel und heiratete den Gott.

Bis heute gilt die Buche als Schutz vor Gewittern. Das mag ein Nachklang ihrer früheren kultischen Bedeutung sein oder auch auf der langen Erfahrung beruhen, dass man selten eine vom Blitz getroffene Buche findet. Fast jeder kennt den Spruch:

*Von Eichen sollst du weichen,*
*Die Weiden sollst du meiden!*
*Zu Fichten flieh mitnichten,*
*Doch Buchen musst du suchen!*

In einem anderen alten Spruch ist sie Wetterorakel:

*Steht im November das Buchenholz noch im Saft,*
*So wird der Regen stärker als der Sonne Kraft.*
*Ist es aber starr und fest,*
*Große Kält' erwarten lässt!*

Die Runen hatten nicht nur kultische und magische Bedeutung, sie waren auch ein Alphabet für schriftliche Mitteilungen. Das Wort

Ey/auff den Schlaff gelegt/hilfft fast wol/vnd stopffet das lauffend Geblut.

Das Puluer von Gallöpffeln gestreuwet auff die Wunden/ nimpt hin jr bluten/ vnd macht sie zusammen gehen/also/ daß man sie nicht hefften darff.

Welcher schwartz Haar wil machen/der nemme Gallöpffel/die dick/schwer/vnd nicht löcherecht sind/siede die in öl/ seihe dann diß öl durch ein Tuch/ laß darnach trucken werden an der Sonnen/diß Puluer siede mit Regenwasser/ wäsche dein Haar oder Bart damit/es wirdt schwartz.

# Buchbaum/ Fagus. Cap. xxxix.

Veche oder Buchbaum heisset auff Griechisch Φηγός, auff Lateinisch Fagus. Ital. Faggio. Gall. Faus. Hispanicè, Haia arbore. Theophrastus machet sein zwey Geschlecht/ das Mäulin vñ das Weiblin. Andere vnderscheiden jn in einen weissen vnd schwartzen. Der weiß hat den Namen von seinem weissen Holtz/wächßt auff den Bergen vnnd ist zu vielen dingen nütz/ als zu Wagen/ Betthen/Bencken/Tischen vñ Schiffen. Der schwartze wächßt auff dem Felde/vnd ist nicht so gebräuchlich. Er wächßt auff mit einer dicken Rinden/ vnd vmbher haarecht/ Seine Bletter seyn zart vnd glatt/wie an dem Poppelbaum/ welche bald geel vnnd welck werden. Mitten auff dem Blat wächßt gemeinglich ein grünes spitzes Beerlin.

Seine Frucht/ welche man Bucheckern vnd Buchnüßlin nennt/ist gantz süß/dreyeckecht/in einer braunen zähen Schalen verschlossen. Die Schwein haben sonderlich lust zu diesen Buchnüßlein/vnnd wirdt das Fleisch wolgeschmack vnd lieblich daruon. Er wächßt gern auff ebenem Felde. Seine Rinde brauchen die Bauwersleut zu vielen dingen/ dann sie machen darauß vielerley Gefäß vnd Körbe.

In Wassern bleibt sein Holtz vnverzehrt vnd wirt von dem Wasser fester.

Den schwartzen Buchbaum nennen etliche Scissimam, dieweil sein Holtz in Schindel gespalten wirt. Die Griechen nennen in Oxyam, die Lydi Mison. Wächßt viel auff dem Berge Olympo, wie Strabo vnd Eustachius zeugen. Dioscorides zehlet jn vnder die Eychbäum/so doch seine Frucht mit denselbigen gar kein gemeinschafft hat.

Ruellius schreibt/daß mit deß Buchbaums gerten die Schlangen vertrieben werden.

Natur

Buchstabe enthält noch beide Elemente, die Buche und den Stab. Unser Alphabet aber hat keine magische Funktion mehr. Auch die Zahl der »Kundigen« hat sich heute in unserer Kultur auf alle Lern- und Lesewilligen erweitert. Im hohen Mittelalter war die Kunst des Lesens noch einer gebildeten Elite von vor allem Frauen und Geistlichen vorbehalten. Bei Rittern war diese Kunst Ende des 12. Jahrhunderts noch so selten, dass der Dichter Hartmann von Aue stolz von sich schreiben konnte:

| | |
|---|---|
| *Ein ritter sô gelêret was,* | *Ein Ritter war so gelehrt,* |
| *daz er an den buochen las* | *dass er in den Büchern las,* |
| *swaz er daran geschriben vant.* | *was immer er darin geschrieben fand.* |

Einer Anekdote nach soll Gutenberg auf folgende Weise den Buchdruck erfunden haben: Er habe einen Text in der üblichen Weise in ein Buchenbrett geschnitzt, sich über Fehler geärgert und die Platte im Zorn auf den Boden geworfen. Die Holztrümmer sollen ihn auf den Gedanken gebracht haben, Texte aus Einzelbuchstaben zusammenzusetzen. Zunächst habe er es mit Lettern aus Buchenholz versucht, bevor es dann zum Bleiguss kam.

## Die Buche als Heilmittel und ihre praktische Nutzung

Wie aus Funden in Pfahldörfern bekannt ist, sammelten Menschen schon in prähistorischer Zeit Bucheckern und lagerten sie als Vorräte ein. Geschrotet wurden sie beim Fladenbacken dem Mehl beigemischt oder, ausgepresst, bis in die Neuzeit häufig als Öl verwendet.

Noch im Mittelalter steht das Wort *Esslaub* synonym für Buche, denn dieser Baum gehört zu den alten *Speisebäumen*. Die jungen Blätter standen im Frühjahr als Salat und Gemüse auf dem Speisezettel, wie Konrad von Megenberg (1309–1374), ein Augsburger Domherr, in seinem *Buch der Natur* schrieb: *Des Baumes Blätter sind gar lind und haben einen süßen Saft, und darum, wenn sie noch jung sind, so machen arme Leute Muß daraus, und sieden es wie ein Kraut.* Die Blätter wurden aber auch an das Vieh verfüttert. Damals trieb man im Herbst die Schweine zur Mast in die Wälder. Da die Buche nur etwa alle 10 Jahre eine große Menge Früchte – man nannte diese Jahre Mastjahre – lieferte, dienten Bucheckern nicht so regelmäßig wie Eicheln zur Schweinemast. Der oben erwähnte Konrad von Megenberg findet das nicht sehr bedauerlich, denn *des* (Buchen-) *baumes Frucht macht nicht so keckes fleysch an dem schwein, als die aicheln.*

RECHTE SEITE
**Burgsdorf,
Holz-Arten,**
1790

*Fagus sylvatica.*
*Die Mastbuche.*

Lonitzer widerspricht in seinem *Kreuterbuch* von 1577 dieser Ansicht: *Die schwein haben sonderlich lust zu disen buchnüßlin / und wirt das fleysch wolgeschmack unnd lieblich davon.*

Im Volksmund heißt es, viele Bucheckern im Herbst deuten auf einen strengen Winter. Die Jahre 1946 und 1947 nach dem Zweiten Weltkrieg scheinen diese Bauernregel zu bestätigen, denn sie waren Jahrhundertmastjahre und hatten strenge Winter. Gleichzeitig waren sie die bittersten Nachkriegsjahre. Deshalb wanderten damals in den Herbstmonaten zahllose Menschen in den Wald, um Bucheckern aufzulesen und sie dann gegen Öl in Ölmühlen einzutauschen.

Wegen seiner hervorragenden Heizkraft war und ist Buchenholz gefragt; es ist allerdings aufgrund seiner Empfindlichkeit gegen Feuchtigkeit und Nässe im Schiffs- und Hausbau kaum verwendbar. *Buchenholz ist gut Feuerholz, Eichenholz gut Bauholz,* lautete ein alter Spruch. Da sich in früheren Zeiten nur Wohlhabendere dieses Brennholz leisten konnten, sagte mancher neidisch oder bewundernd: *Sie brennen Buchenes.* In den ersten Jahren nach dem Zweiten Weltkrieg kam die Buche zu einem besonderen Einsatz, denn sie lieferte einen Ersatz für die rationierten und kaum erhältlichen Kraftstoffe Benzin und Diesel. In einer Ecke der Ladefläche kleinerer Lastwagen stand ein Ofen, der dauernd beheizt wurde. Darüber befand sich ein Aufsatz mit kleinen Buchenholzscheiten. Diese wurden unter Luftabschluss in einer trockenen Destillation erhitzt. Das dabei entstehende Holzgas trieb das Fahrzeug an.

Zum Feueranzünden ohne Glut musste man früher einen so genannten Zunderschwamm durch Funkenschlagen zum Glimmen bringen, einen Span daran halten und durch Blasen entzünden. Dieser begehrte Zunderschwamm wächst als ein umgekehrt konsolenförmiger Hutpilz an Buchen- und Birkenstämmen. Seine Mittelschicht wurde herausgetrennt, gekocht, gewalkt, mit Salpeter getränkt und getrocknet, bevor man ihn zum Feuermachen verwenden konnte.

Im Mittelalter waren Kienspanfackeln aus Buchenspänen sehr beliebt, da sie nicht wie die üblichen aus Kiefernholz spritzten, wenn man sie in die Eisenringe an den Wänden oder in den Ständer steckte. Viele Gegenstände in Haushalt und Landwirtschaft waren *buchen:* Löffel, gedrechselte Schüsseln, Wäscheklammern, Bottiche, Zuber, Melkeimer und Rechen.

Die Buche spielte bei der Herstellung von Seife in den Haushalten eine wichtige Rolle. Dazu benötigte man größere Mengen Pottasche. Die Asche der Buche enthält besonders viel davon. Die *Lüneburger Holzordnung von 1618* belegt, wie beliebt und begehrt deshalb diese Asche war. Die Forstbehörde drohte *den Stubensitzern auf den Ämtern* nämlich an, ihnen ihr Privileg auf die in den Amtsstuben anfallende Asche zu entziehen, wenn sie weiterhin Scheite nur wegen der Asche verfeuerten. In den Haushalten wurde alle anfallende Asche im *Laugenständer* gesammelt, einem hölzernen Bottich, der neben der Feuerstelle stand. Da die Buchenasche als mildes Reinigungs- und Scheuermittel auch schwach entzündungshemmend wirkt, wurden daraus früher auch Zahnpasten hergestellt. Mitte des 19. Jahrhunderts bahnte sich die industrielle Nutzung des Buchenholzes an. Der mittelrheinische Tischler Michael Thonet hatte die Idee, Buchenholz unter starkem Wasserdampf und entsprechender Hitze in verschiedene Formen zu biegen und seine Erfindung 1842 in Österreich patentieren zu lassen. So konnte der heute noch gefragte Wienerstuhl Nr. 14 in die Massenproduktion gehen. Er wurde zum preiswerten, formschönen Verkaufsschlager. Was wären die Wiener Kaffeehäuser ohne dieses typische Inventar!

# Esche { *Fraxinus excelsior* }

Unser Wort »Esche« hat seine Wurzel im altnordischen *ask-r* und dem angelsächsischen *äse* und bezeichnete wie im Griechischen sowohl den Baum als auch den daraus geschnittenen Speer.

## Standorte und biologische Merkmale der Esche

Die Esche ist heute vorwiegend in Mittel- und Nordeuropa verbreitet und bevorzugt nährstoffreiche Böden. Sie wächst häufig an Flussläufen, die sie zusammen mit Weiden und Erlen säumt. Feuchte Buchenwälder oder die Nähe von fließendem Wasser mag sie, verträgt aber keine Staunässe. Erstaunlicherweise findet man sie auch auf trockenen Jurahängen.

Sie gehört zu den hochwüchsigen, geradstämmigen Laubbäumen mit einer im Vergleich zu Linde und Buche wenig ausladenden Krone. Sie zählt also nicht zu den Schatten spendenden Bäumen. Ähnlich wie diese beiden wird sie bis zu 30 Meter hoch, aber weniger alt. Häufig treiben zwei und mehr Stämme aus der Wurzel; sie neigt

also zur Mehrstämmigkeit. Ihre grünlich-graue Rinde ist zunächst glatt, wird aber später zu einer längsrissigen, gerippten, dunklen Borke. Weil sie sich mit ihren tiefgehenden Pfahl- und weit ausladenden Seitenwurzeln tief im Erdreich verankert, wurde sie nie wie Ulme oder Linde in der Nähe von Gehöften oder im Dorf angepflanzt, denn man fürchtete, sie könnte das Mauerwerk mit ihren Wurzeln beschädigen.

Bevor der Baum Blätter treibt, wachsen aus den typischen schwarzen Winterknospen in büschligen Rispen unscheinbare grüne Blüten, die teils als männliche und weibliche Blüten getrennt auf verschiedenen Bäumen, teils gemeinsam auf demselben Baum blühen. Obwohl der Wind sie bestäubt, werden sie häufig wegen der Pollen von Bienen besucht.

Die Esche besitzt gefiederte Blätter, das heißt, meistens stehen sich

HOCHWÜCHSIGER, GERADSTÄMMIGER BAUM MIT KUGELIGER KRONE / BIS ZU 30 M HOCH / TIEF GEHENDE PFAHL- UND HERZ- WURZELN.

RECHTE SEITE
**Die Holzmaserung der Esche**

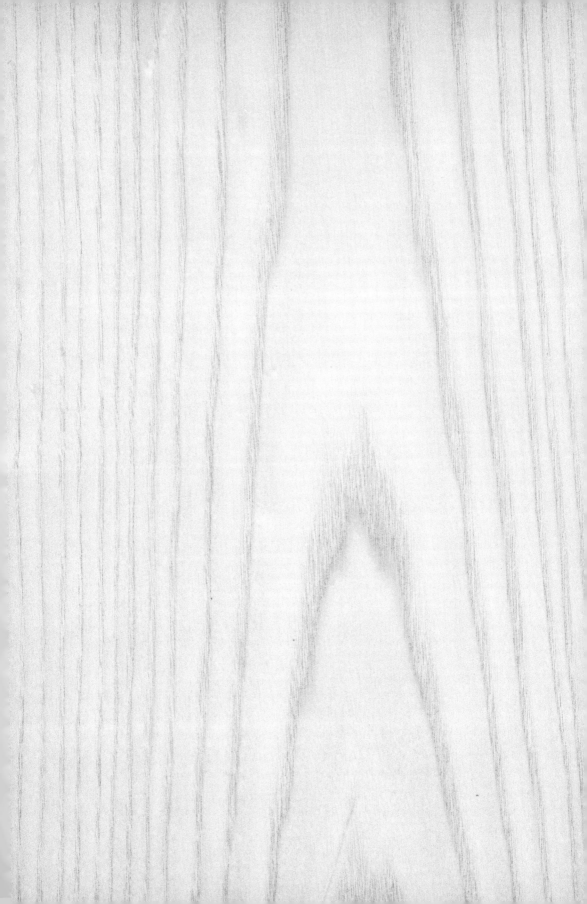

10 Fiedern oder Einzelblättchen an einem langen Stiel gegenüber, ein weiteres bildet die Spitze. Im Herbst fallen die Blätter bereits ab, wenn sie noch grün sind.

Schon von weitem erkennt man die Esche an ihren büschelartigen Früchten, den beflügelten Nüsschen, die oft noch bis in den Winter hinein an den Zweigen hängen und vom Wind verbreitet werden.

### Geschichten und Brauchtum rund um die Esche

Bei verschiedenen Völkern finden sich Schöpfungssagen, bei denen die Esche im Mittelpunkt steht. Sie hat neben der Eberesche, mit der sie nicht verwandt ist, als einziger einheimischer Laubbaum gefiederte Blätter. Vielleicht hat diese Eigenart dazu beigetragen, dass sie im Mythos und Brauchtum eine besondere Rolle spielt.

In der *Edda* wird die Weltesche *Yggdrasil*, die einst von den Göttern selbst gepflanzt wurde, als Achse und Stütze des Universums beschrieben. Dieser Baum verbindet die Gefilde der Götter, *Asgard*, mit dem Land der Menschen, *Midgard*, und der dunklen Unterwelt der Toten, *Niflheim*. Aus dem *Urdbrunnen* beim Weltenbaum steigen die drei *Nornen*, die Schicksalsgöttinnen, die den Baum bewässern und den Menschen ihr Los zuteilen. Nach einer anderen Stelle der *Edda* sollen die ersten Menschen aus zwei Bäumen, aus *askr*, der Esche, und *embla,* der Ulme, entstanden seien:

RECHTE SEITE
Burgsdorf,
Holz-Arten,
1790

*Gingen da drei aus der Versammlung /*
*Mächtige milde Asen* (Götter) *zumal, /*
*Fanden am Ufer unmächtig / askr und embla ohne Bestimmung, /*
*Besaßen nicht Seele, und Sinn noch nicht, /*
*Nicht Blut, noch Bewegung, noch blühende Farbe. /*
*Solche gab Odin, Hoeni gab Sinn, / Blut gab Lodhur und blühende*
*Farbe.*

Karl Joseph Simrock geht auf diesen Mythos noch im 19. Jahrhundert ein, wenn er in seinem *Amelungenlied* Hildebrand seinen Herrn erinnern lässt: *Sei nicht ahnenstolz, uns schnitzte Wotan alle, zuletzt aus Eschenholz!* Ähnlich war die altgriechische Vorstellung. So schrieb der Dichter Hesiod (um 700 v. Chr.) in *Werke und Tage*, Zeus habe das Menschengeschlecht aus Eschen erschaffen. Nach dem Goldenen Zeitalter, dem paradiesischen Zustand, folgte das Silberne, in dem der Mensch für seinen Lebensunterhalt arbeiten müsse. Im dritten, dem Bronzenen, plage der Mensch sich und andere bereits mit Krieg und Verderben. Er schneide aus demselben Holz, aus dem er selbst entstanden sei, seine todbringenden Waffen:

5.

*Fraxinus excelsior.*
*Die Esche.*

Speer, Pfeil und Bogen. Achill, der Hauptheld der *Ilias*, verdankt seinen Eschenspeer der kunstfertigen Hand seines Lehrers, des Kentauren Chiron, der ihn aus einer heiligen Esche geschnitten hatte. Der aus dem brennenden Troja entflohene Äneas soll, wie der römische Dichter Vergil berichtet, zuerst nach brauchbarem Eschenholz für Pfeile, Bögen und Speere gesucht haben, als er in Latium (Mittelitalien) nach langer Flucht an Land ging.

Seit dem Altertum war die Meinung weit verbreitet, man könne mit Eschenzweigen oder dem Rauch von Eschenlaub Schlangen abwehren und vertreiben. Der römische Schriftsteller Plinius († 79 n. Chr.) behauptete sogar, dass Schlangen lieber ins Feuer als ins Eschenlaub kröchen, wenn man sie in die Enge treibe. Diese Feindschaft zwischen Esche und Schlange, die in Urmythen anklingt, drückt Hieronymus Bock in seinem *Kreuterbuch* von 1551 in abgeschwächter Form aus, wenn er schreibt, dass Eschensaft gut gegen Schlangenbisse sei. Im Mittelalter und in der Frühen Neuzeit schrieb man der Esche die geheimnisvolle Kraft zu, Wunden zu heilen. Das als *Heilholz* verwendete Eschenholz musste, so sah man es in Süddeutschland, jedoch an bestimmten Tagen, z.B. am Karfreitag, an Christi Himmelfahrt oder am Johannistag (24. Juni), vor Sonnenaufgang geschlagen werden. Es sollten nach Osten gerichtete Äste sein, die man vom Boden aus erreichen konnte. Ein »unschuldiger« Junge musste einen Ast mit sauberen Händen, ohne ein Wort zu sprechen, mit drei Schlägen abhacken. Für die Wundheilung reichte das Berühren mit einem Stück des Holzes, das man anschließend an einem Ort vergrub, den weder Sonne noch Mond beschienen. Dieselbe magische Kraft hört man aus der Heilanweisung Konrads von Megenberg in seinem *Buch der Natur* aus dem 14. Jahrhundert heraus: *Des paumes rind oder sein pleter* (Blätter)*, wann asch daraus geworden ist, pint* (bindet) *man diz über zerprochen pain* (Knochen)*, diu wachsend schier zesammen.*

Ironisch vermerkt in einem Lexikon aus dem 18. Jahrhundert der Verfasser: *dass man sich so unglaubliche Dinge von der Esche erzählt, und wenn nur die Helffte davon wahr wäre, man bekennen müste, es wäre in diesem eintzigen Baum eine ganze Apotheke zu finden.*

**Praktische Nutzung der Esche** Auch über das Mittelalter hinaus waren Saufedern, also Speere und Spieße für die Jagd, aus Eschenholz. Das ist nicht verwunderlich, denn das gerade wachsende, elastische und zugleich zähe, faserfreie Holz eignet sich hervorragend für hohe Belastungen, da es nicht splittert. Nicht nur für

Krieg und Jagd nutzte man dieses Holz. Seit dem Altertum verwandte man es zum Herstellen von Wagenreifen, Wagengestellen, Leitern, Paddeln, Rudern und anderen Geräten, die großen Belastungen ausgesetzt waren. Bis vor einigen Jahrzehnten wurden Skier, Skistöcke und Tennisschläger daraus hergestellt, bis andere Materialien wie Aluminium und Kohlefasern an seine Stelle traten.

**Blumen- oder Manna-Esche** {*Fraxinus ornus*} Die kleine Verwandte der Esche macht ihrem Namen Blumenesche alle Ehre. In Südtirol und Teilen Österreichs, ihrem natürlichen Verbreitungsgebiet, sieht man an Straßen- und Waldrändern den bis zu acht Meter hohen Baum oder Strauch im Mai voll weißblühender Rispen, die wie riesige Blumensträuße aussehen und süßlich duften. Auch am Oberrhein, wo er vermutlich zur Zeit der Römer eingeführt wurde, findet man ihn.
Die Bezeichnung Manna-Esche stammt vom Saft des Baumes: Wenn die Rinde verletzt wird, quillt ein Saft hervor, der sich beim Trocknen auskristallisiert, das so genannte Manna, das mit dem Manna der Bibel aber nichts zu tun hat.

# Linde *{Tilia}*

Schon im althochdeutschen *lintâ* klingt der heutige Name des Baumes deutlich an. Was der Name jedoch bedeutet, bleibt unklar. Vielleicht hängt er mit *lind* (»weich«) zusammen und verweist entweder auf den biegsamen Bast unter der Rinde oder auf das weiche Holz.

## Standorte und biologische Merkmale der Linde

Die Linde ist ein Baum, den man über ganz Europa verteilt antrifft. Die beiden in unseren Breiten vorkommenden Arten, die *Sommer-* und die *Winterlinde*, die sich nur geringfügig unterscheiden, haben zum Teil verschiedene Verbreitungsgebiete. Während die Winterlinde sich bis nach Nordeuropa ansiedelt, zieht es die Sommerlinde mehr in die Sonne Südeuropas. Beide Baumarten fühlen sich bei uns auch in den Mischwäldern der Mittelgebirge wohl. Im Hessischen Bergland und im Pfälzer Wald finden sich schöne Bestände. Auch in Parks und Alleen wird dieser stattliche Baum mit kräftigen, nach oben ragenden Ästen und weit ausladender, Schatten spendender Krone gern gepflanzt. Neben der Eiche zählt die Linde zu den Bäumen mit der höchsten Lebenserwartung. Ein alter Spruch drückt das so aus: *300 Jahre kommt sie, 300 Jahre steht sie, und 300 Jahre vergeht sie.* Dabei zeigt sie eine einzigartige sich verjüngende Kraft: Alte, oft hohle Linden bilden neue Innenwurzeln, die sich vom bestehenden Stamm aus im Boden verankern und von innen eine junge Krone bilden. Lange bleibt die graue Rinde recht glatt, sie wird aber im Alter stärker gefurcht. Darunter wächst ein kräftiger, faserhaltiger Bast. Die schief herzförmigen Blätter sind bei der Sommerlinde erheblich größer als bei der Winterlinde.

Im Gegensatz zu anderen Laubbäumen blüht sie bereits als junger Baum reichlich. Die bleichgelben, stark duftenden, zwittrigen Blüten stehen zu mehreren am Ende eines langen Stiels, der mit einem länglichen Flugblatt verwachsen ist. Da sie von einem Heer von Insekten bestäubt werden, nannte man die Linde früher auch *Honig-*

MITTELGROSSER BIS GROSSER BAUM MIT TIEF ANSETZENDER, UMFANGREICHER KRONE / BIS 30 M HOCH / AUSSER PFAHLWURZEL KRÄFTIGE SEITEN- WURZELN.

RECHTE SEITE
Die Holzmaserung der Linde

*weide*. Die blassen Flugblättchen lassen schon im Sommer die reifen Nüsschen trudelnd zu Boden fallen.

## Geschichten und Brauchtum rund um die Linde

Bei den Germanen war die Linde der Göttin Frigg geweiht, der Beschützerin von Haus und Hof sowie der ganzen Familie. Wie die Eiche in ihrer harten, knorrigen Art zu den Donner- und Blitz-Göttern Donar und Zeus passt, so kann man sich die Linde mit ihren herzförmigen Blättern, den duftenden Blüten, dem weichen Holz und Bast und dem beschützenden Blätterdach gut als den Baum einer mütterlichen Gottheit vorstellen. Diesen Gedanken des friedlichen Zusammenseins drückt auch Ovid in seinen *Metamorphosen* aus: Trotz ihrer Armut hatten Philemon und Baucis die Götter Zeus und Hermes, die unerkannt bei ihnen eingekehrt waren, anders als ihre begüterten Nachbarn reichlich bewirtet. Zum Dank verwandelte Zeus das liebende Ehepaar, von dem keiner den Tod des anderen erleben wollte, am Ende eines langen Lebens zur gleichen Zeit in Linde und Esche.

RECHTE SEITE
Fuchs,
Kreüterbuch,
1543

Im Volksbewusstsein war die Linde als mächtiger Einzelbaum am Hof, in der Dorfmitte oder auf dem Dorfanger offenbar schon früh ein Baum des friedlichen Miteinanderlebens, des Feierns und der Liebe. Das bringen in verschieden Jahrhunderten immer wieder Dichter zum Ausdruck, so z.B. Walther von der Vogelweide zu Beginn des 13. Jahrhunderts:

| | |
|---|---|
| *Under der linden* | *Unter der Linde* |
| *an der heide,* | *auf der Heide,* |
| *dâ unser zweier bette was,* | *wo unser beider Lager war,* |
| *dâ mugent ir vinden* | *da könnt ihr finden* |
| *gebrochen bluomen unde gras.* | *gebrochene Blumen und Gras.* |
| *vor dem walde in einem tal,* | *Am Waldrand in einem Tal,* |
| *tandaradei,* | *Tandaradei,* |
| *schône sanc diu nahtegal.* | *schön sang die Nachtigall.* |

Einen Treffpunkt der Verliebten nennt Heinrich Heine (1797–1856) die Linde: ... *sieh dies Lindenblatt! Du wirst es / wie ein Herz gestaltet finden; / darum sitzen die Verliebten / am liebsten unter Linden.* Sie ist auch der Baum, dem man seine Liebe offenbart: *Ich schnitt in seine Rinde so manches süße Wort* ..., wie Wilhelm Müller (1794–1827) es in dem bekannten Lied *Am Brunnen vor dem Tore* ausdrückte. Wenn die Liebe zerbricht, leidet die Linde mit:

862

TILIA FOE-
MINA,                    Lindenbaum.

*... so trau'r , du feines Lindelein,*
*und trau'r das Jahr allein!*
*Hat mir mein braun's Maidlein verheißen,*
*sie wöll' mein eigen sein.*
Ludwig Uhland (1787–1862)

Ähnlich ist es in der Sage von der *Blutlinde* bei Ludwig Bechstein
(1801–1860). Dort heißt es, in den Trümmern der Burg Frauenstein
bei Wiesbaden stehe noch immer eine riesige Linde, die Trauriges
erleben musste. Der Vater eines Edelfräuleins habe ihren Liebsten,
der nicht standesgemäß gewesen sei, vor ihren Augen erschlagen, als
er sie beim heimlichen Stelldichein überraschte. Das unglückliche
Mädchen brach einen Lindenzweig ab, steckte ihn in das Blut des
Ermordeten und ging ins Kloster. Der Schößling aber trieb Wurzeln
und wuchs zu einem mächtigen Baum heran. Wenn jemand einen
Ast oder ein Blatt von ihm abriss, floss Blut heraus.
Selbst Soldaten, die man unter einer Linde rasten sah, jagten nach
Martin Luther (1483–1546) keinen Schrecken ein. Denn wo sie
gedieh, kam keine Furcht auf: *Wenn wir reuter sehen unter den linden*
*halten, were es ein zeichen des friedens, denn unter der linden pflegen wir*
*zu trinken, tanzen und fröhlich sein, nicht streiten noch ernsten, denn die*
*linde ist bei uns ein friede- und freudebaum.*
Die Linde war, wie aus Luthers Spruch hervorgeht, häufig der Baum,
in dessen Schatten man tanzte. Manchmal wurden dafür die unteren
Äste so gebogen und mit Pfosten gestützt, dass man Bretter als Tanz-
boden darauf legen konnte, auf einer Plattform darüber, in luftiger
Höhe, spielten die Musikanten. Es galt als eine besondere Ehre für
junge Mädchen, die noch Jungfrauen waren, unter der Linde vorzu-
tanzen. Kam aber heraus, dass ein so genanntes »gefallenes« Mädchen
darunter war, musste die Linde, wie es hieß, *gescheuert* und der Boden
ringsum umgegraben werden. Menschen, die sich ihr gegenüber
respektlos verhielten, bestrafte die Linde angeblich selbst. In einer
alten Schrift heißt es, wer an *eine Linde pisse*, bekomme *zur Strafe eine*
*Warre*, also ein Gerstenkorn, ans Auge. Um dieses loszuwerden, müsse
der reuige Sünder es mit drei Lindenblättern bestreichen. Im mittelhochdeutschen Nibelungenlied, das auf ältere Quellen zurückgeht,
spielte die Linde eine tragische Rolle. Ein Lindenblatt fiel Siegfried
beim Bad im Blut des von ihm getöteten Lindwurms, das ihn unver-
letzlich machen sollte, zwischen die Schulterblätter, so dass diese
Stelle nicht vom Blut benetzt wurde. In diese ungeschützte Stelle
stieß Hagen später den tödlichen Eschenspeer.

RECHTE SEITE
**Burgsdorf,**
**Holz-Arten,**
**1790**

Tab. 16.

## Die Linde als Heilmittel und ihre praktische Nutzung

In der Heilkunde und der Volksmedizin spielte die Linde nur eine geringe Rolle. Tee aus Lindenblüten wurde als schweißtreibendes und fiebersenkendes Mittel allgemein geschätzt. In den beiden Weltkriegen erinnerte man sich daran, und die Schulkinder sammelten eifrig Lindenblüten für diesen Tee.

Plinius der Ältere († 79 n. Chr.) schrieb: *Die Bauern stellen* (aus der Rinde der Linde) *Gefäße, Körbe und Bütten zum Sammeln der Ernten und zur Weinlese her.* Den Bast bezeichnete er als *eine mehrfache Lage dünner Häute zwischen der Rinde und dem Holz.* Dieser feste Bast wurde in den folgenden Jahrhunderten immer wieder zu Seilen, Schnüren, Bindebast für den Obst- und Weinbau, zu Flechtmatten und dicht geflochtenen Bienenkörben verarbeitet. Wollte man ihn verspinnen, musste er erst gekocht werden, eignete sich aber auch dann nur für grobe Gewebe. Wie wir aus Funden wissen, flochten schon die Pfahlbauern der Jungsteinzeit Teile ihrer Kleidung aus Lindenbast, den sie vorher weich geklopft hatten.

Das weiche und doch dichte Lindenholz wurde im Mittelalter gern zum Schnitzen verwendet. Tilman Riemenschneider (1460–1531) z.B. schuf daraus seine weltberühmten Altäre und Madonnen. Zum Leidwesen der Restauratoren irrte Plinius mit seiner Behauptung, das Holz werde *vom Holzwurm nicht angefressen.* Nicht nur als Bienenweide im Frühjahr, sondern auch als »Bienenkorb« diente die Linde: Im Mittelalter war die Nachfrage nach Honig und Wachs sehr groß, denn Honig war das wichtigste Süßungsmittel, und aus dem Bienenwachs zog man vor allem Kerzen, die in großen Mengen in den zahlreichen Kirchen brannten. Ursprünglich fand man in alten, teils hohlen Waldbäumen wilde Bienenvölker. Um den steigenden Bedarf an Bienenstöcken zu decken, wurden in so genannte *Trachtbäume* Löcher gestemmt. Dazu wählte man vor allem Linde, Weide und Hasel aus. Man höhlte dazu den Stamm so weit aus, dass ein Bienenvolk genug Platz fand, bestrich die Innenwände mit Wachs und verschloss die Mulde mit einem Brett, in das ein Flugloch geschnitten war.

RECHTE SEITE
**Weinmann, Eigentliche Darstellung,** 1735

a. Tilia foemina major, Tillet,
Linde. b. Tilia mas, Tilleul,
Linde, daß Männlein. c. Tilia fo=
lio minore, Tilleul, klein
blätterichte Linde.

# Ahorn {*Acer*}

Woher der Name stammt, ist unklar. Manche erklären A-*horn* mit den zweiflügeligen Spaltfrüchten, die an die Hörner eines Rindes erinnern. Merkwürdigerweise hat der Ahorn im Deutschen im Gegensatz zu den anderen Laubbäumen männliches Geschlecht; auch im Lateinischen macht er eine Ausnahme, denn während alle anderen Bäume weiblich sind, ist der Ahorn ein Neutrum.

## Arten, Standorte und biologische Merkmale des Ahorns

In Mitteleuropa wachsen drei Ahornarten, der *Feldahorn,* der *Spitzahorn* und der *Bergahorn,* die in der Vergangenheit oft nicht unterschieden wurden. Teilweise findet man die drei in verschiedenen Regionen. Den Feldahorn, auch *Maßholder* genannt, trifft man vorwiegend in der Ebene und im Hügelland an. Das Wort *Maß,* ein altes Wort für »Speise«, deutet auf seine wesentliche Nutzung als Nahrung für Mensch und Tier hin. Der Spitzahorn bevorzugt breite Flusstäler und das Tiefland, er wächst aber auch in Mittelgebirgen. Der Bergahorn ist, wie sein Name andeutet, ein Baum des Gebirges, wird aber auch wie der Spitzahorn als unempfindlicher Alleen- und Parkbaum gepflanzt.

Der Feldahorn ist der unscheinbarste der drei; er hat nur einen kurzen Stamm und wächst häufig als Strauch. Da er nach dem Beschneiden wieder reichlich ausschlägt, wird er gern als Heckenpflanze genutzt. Spitzahorn und Bergahorn dagegen sind schlanke Bäume, die bis zu 30 Meter hoch werden und eine breite Krone bilden. An Alter übertrifft der Bergahorn die anderen bei weitem; er kann ein Alter von 500 Jahren erreichen. Nur die Rinde des Bergahorns ist silbern glänzend und blättert als Borke in flachen Schuppen ab. Im Volksmund heißt es, *er reisse sich den Mantel vom Leib.*

Die Blätter der genannten Ahornbäume sind handförmig gelappt; Spitz- und Bergahornblätter ähneln denen der Platane. Sie blühen alle einhäusig in gelblich-grünlichen Rispen oder Trauben, meist

FELDAHORN: STRAUCH ODER KLEINER BAUM MIT KURZEM STAMM / BIS 10 M HOCH / VERÄSTELTE SEITEN-WURZELN. SPITZAHORN UND BERGAHORN: MITTEL-GROSSE BIS GROSSE BÄUME MIT SCHLANKEM STAMM UND BREITER, DICHT BELAUBTER KRONE / BIS 30 M HOCH / STARKE, TIEF GEHENDE WURZELN.

RECHTE SEITE
Die Holzmaserung des Vogelaugen-ahorns

zwittrig und werden durch Bienen und andere Insekten bestäubt. In kräftigen Büscheln hängen die geflügelten Nüsschen je zu zweit bis zur Reife zusammen. Das einzelne Paar hat die Form der bei der Namenserklärung erwähnten Hörner. Am Winkel, in dem die Hörner zueinander stehen, erkennt man, um welchen Ahorn es sich handelt.

### Geschichten und Brauchtum rund um den Ahorn
In der Vorstellung der Griechen und Römer gab es Bäume, die Glück und andere, die Unglück brachten. Zu letzteren gehörte der Ahorn. Der römische Grammatiker Servius schrieb um 400 n. Chr. in einem Vergil-Kommentar, die Trojaner seien von Panik ergriffen worden, als sie feststellten, dass das hölzerne Pferd, welches die Griechen auf den Rat des Odysseus hin gezimmert hatten, aus dem Holz eines Unglücksbaums, des Ahorns, bestand. Das Mittelalter kannte den Ahorn hingegen nur als Schutzbaum. Man pflanzte ihn in einigen Gegenden Deutschlands als Baum oder Hecke um Haus und Hof, vielleicht, weil das fünfzipflige Blatt an eine abwehrende, schützende Hand erinnerte. Anderswo schlug man Zapfen aus seinem Holz in Tür- und Torschwellen; sie sollten bösen Geistern das Eindringen verwehren. Aus dem gleichen Grund hingen mancherorts in der Johannisnacht (24. Juni) Ahornzweige an Fenstern und Türen. In der Volksmedizin sammelte man in dieser Nacht Ahornblätter. Ein Tee aus den getrockneten Blättern galt bei Wunden aller Art als zuverlässiges Allheilmittel. Etwas von einem Schutzbaum hat auch der berühmte *Trunser Bergahorn* in Graubünden, unter dem 1424 die Bauern des Grauen Bundes gelobten, ihre Freiheit und Unabhängigkeit gegen Habsburg zu verteidigen. Sie schworen, ihren Bund alle zehn Jahre unter diesem Baum zu erneuern. Heute grünt dort ein neuer Ahorn, der ein Steckling des Schwurbaumes sein soll.

RECHTE SEITE
**Kniphof, Botanica in Originali,** 1757

### Der Ahorn als Heilmittel und seine praktische Nutzung
Heilkundige des Mittelalters erwähnten den Bergahorn als Heilpflanze. Auch Hildegard von Bingen (1098–1179) zählte ihn dazu. Sie empfahl ein Ahornblätterbad, um lang anhaltendes Fieber zu senken. Ihr war auch die kühlende und abschwellende Wirkung des Baumes bekannt. Hildegard von Bingen riet zudem, bei Gicht am Feuer erwärmtes Ahornholz auf die schmerzende Stelle zu legen. Dadurch vergehe die Gicht. Falls man schweres Holz dort nicht vertrüge, genügten auch erwärmte Holzspäne, die man mit einem Tuch darüber binde.

ACER foliis lobatis obtufis emarginatis.
*Linn.* S. P. 1055. *Ludw.* D. G. P. 551.
- - - campeftre.

Insgesamt wird man aber Adam Lonitzer Recht geben müssen, der in seinem *Kreuterbuch* von 1577 schrieb: *Ahorn hat wenig gebrauch in der Atznei, / wirt vil mehr gebraucht zur arbeyt.*

Früh gehörten Bergahorn und Feldahorn zu den begehrten Laub-Futterbäumen. Da aber der Bergahorn empfindlich auf Verbiss und Abschneiden von Zweigen reagiert, mussten die Blätter mühsam von Hand abgestreift, eingesammelt und in Körben nach Hause geschafft werden. Hingegen konnte man beim Feldahorn Zweige und Äste abschneiden, ohne dem Baum zu schaden, und handlich bündeln. Er war, wie oben gesagt, der eigentliche *Maßholder.* Sein Laub war nicht nur Tierfutter, sondern die jungen Blätter wurden auch wie Sauerkraut in Steintrögen eingestampft und vergoren.

Ebenso alt ist die Gewinnung von Ahornsaft. Ähnlich wie bei der Birke bohrte oder ritzte man die Rinde zu Beginn des Frühjahrs an. Etwa zwei Wochen lang tropfte täglich ein Liter Baumwasser in ein Auffanggefäß. Der Saft wurde entweder als vitamin- und mineral-spendende Frühjahrskur getrunken oder in Kesseln über dem Feuer eingedickt und als Sirup zum Süßen verwendet.

Der Konkurrenz des Rohrzuckers war der Ahornsirup, der nur kurze Zeit haltbar war, nicht gewachsen. Nur während der so genannten Kontinentalsperre durch Napoleon 1806 bis 1815, als das Konkurrenz-produkt aus den englischen Kolonien nicht zur Verfügung stand, wurde der Ahornsirup nochmals zum begehrten Süßungsmittel. Heute liefert die kanadische Provinz Quebec mit ca. 140.000 Tonnen jährlich weltweit die größte Menge Ahornsirup. Das Ahornblatt brachte es sogar zum Nationalsymbol Kanadas, das auch die kanadische Flagge ziert.

RECHTE SEITE
Burgsdorf,
Holz-Arten,
1790

Das Holz des Ahorns schätzten die Römer sehr, wie Plinius schreibt. Sie liebten aus Feld- und Spitzahorn hergestellte Gegen-stände wegen ihrer *vorzüglichen Helle*, aber noch weit mehr, wenn sie aus Bergahorn waren, dessen Holz sie wegen seiner schönen Maserung *Pfauenschwanz* nannten und das heute unter dem Namen Vogelaugenholz im Handel ist.

Spitzahorn und Bergahorn zählen mit ihrem hellen, wie Atlas glänzenden, kernlosen Holz heute zu den wertvollsten einhei-mischen Edellaubhölzern. Man verwendet sie im Möbel- und im Innenausbau als Vollholz und als Furnier. Instrumentenbauer bevor-zugen Bergahornholz für Hälse, Zargen und Resonanzböden von Cello, Geige und Gitarre, da es mitschwingt, elastisch und außerdem gut polierbar ist. Aus dem schön gemaserten Holz des Feldahorns werden Flöten gedrechselt.

# Ulme, Rüster {*Ulmus*}

Seit dem 12. Jahrhundert, wahrscheinlich als Entlehnung der lateinischen Bezeichnung *ulmus*, heißt der Baum im Deutschen *Ulme*. Daneben nannte man ihn *elm, ilm* oder *röster*. Von diesen alten Namen hat sich nur Rüster neben Ulme erhalten.

## Arten, Standorte und biologische Merkmale der Ulme

Ulmen wachsen von Frankreich bis zum Ural, aber kaum im hohen Norden und in Südeuropa.

Man unterscheidet zwischen *Berg-, Feld-* und *Flatterulme*. Sie alle können zu stattlichen Bäumen mit kräftigem Stamm und weit ausladender Krone heranwachsen, sich nach allen Seiten tief im Boden verankern und ein ansehnliches Alter von 400 Jahren erreichen. Ihre Borke ist unauffällig grau-braun und mehr oder weniger stark gefurcht, nur die Feldulme hat an den Ästen Verdickungen, so genannte Korkleisten. Die einhäusigen Ulmen blühen, lange bevor die Blätter treiben, in dichten Büscheln aus zwittrigen Einzelblüten, die vom Wind bestäubt werden. Bereits im Mai findet man die Samen, die in tellerförmigen, kleinen Flügeln stecken, im weiten Umkreis. Sehr stark variieren die scharf gesägten, unsymmetrischen Blätter in Form und Größe; sie sind jedoch meistens oval und vorne zugespitzt. Wie ihre Namen teils andeuten, bevorzugen die unterschiedlichen Ulmenarten verschiedene Landschaften, lieben aber alle feuchte und kräftige Böden. Die Bergulme fühlt sich in mittleren Gebirgslagen und in den Alpen wohl, wo man sie bis zu einer Höhe von 1300 Metern antrifft. Die Feldulme, die zur Zweistämmigkeit neigt, wächst eher im Hügelland und in Mittelgebirgen. Zusammen mit der Bergulme trifft man sie aber auch in Flusstälern und in der Ebene. Die Flatterulme, die kleinste der drei, hat ihren Namen von ihren überhängenden Blütenbüscheln, die sich flatternd bewegen. Am häufigsten wächst sie in Auwäldern und auf sandigen und lehmigen Böden.

GROSSER BAUM MIT KRÄFTIGEM STAMM UND WEIT AUSLADENDER KRONE / BIS ZU 30 M HOCH / PFAHLWURZEL MIT KRÄFTIGEN SEITENWURZELN.

RECHTE SEITE
Die Holzmaserung der Ulme

Da Ulmen gegen verschmutzte Luft recht unempfindlich sind, pflanzt man sie auch in Städten und an Landstraßen. Noch 1871 konnte der Verfasser eines Baumbuches behaupten, dass die Ulme selten unter Krankheiten leide. Während des Ersten Weltkrieges wurde jedoch aus Ostasien eine Pilzkrankheit eingeschleppt, die das so genannte *Ulmensterben* verursachte. Sie wird durch den Ulmen-Splintkäfer übertragen und unterbricht den Wassertransport in den Bäumen. Ein weiterer aus Amerika eingeschleppter und weit gefähr-licherer Stamm des Erregers breitet sich seit 1972 auch in Süd-deutschland aus. Deshalb steht die Ulme heute weit oben auf der *Roten Liste* der bedrohten Arten. Am stärksten ist die Bergulme betroffen; ihr Bestand nimmt ständig ab. Nur die Flatterulme wird wegen der Inhaltsstoffe ihrer Borke vom Splintkäfer gemieden. Mittlerweile sind fast alle alten Dorf- und Gerichtsulmen abge-storben, da erst Bäume mit einem entsprechenden Umfang und stärkerer Borkenbildung befallen werden. Heute versucht man, durch Kreuzungen resistente Sorten zu züchten, aber bislang ohne durchschlagenden Erfolg.

## Geschichten und Brauchtum rund um die Ulme

Bei den Griechen war die Ulme dem Götterboten Hermes geweiht, dem Gott des Handels, der Wege und auch der Diebe. Hermes, der Gott mit dem geflügelten Helm und den geflügelten Schuhen, geleitete auch die Toten in die Unterwelt. Dabei umflatterten ihn Ulmenfrüchte. Deshalb war dieser Baum im Altertum auch ein Symbol des Todes und der Trauer, wie die folgende Sage zeigt: Nicht weit vor den Mauern des vor langer Zeit zerstörten Troja wuchs eine Ulme, von der man sich erzählte, Nymphen hätten sie einst, als das stolze Troja noch stand, zum Zeichen ihrer Trauer auf das Grab eines Jünglings gepflanzt. Dieser sei auf folgende tragische Weise ums Leben gekommen: Als die Griechen mit ihrer gewaltigen Flotte an der Küste vor der Stadt erschienen, um Rache zu nehmen für den Raub der schönen Helena, der Gemahlin des spartanischen Königs, sei der strahlend schöne Protesilaos kühn als erster von allen Griechen an Land gestürmt, voll Spott über eine Weissagung der Priester, die Folgendes besagte: Wer als erster dieses Land betrete, sterbe und werde nie einen Blick über die Mauern der Stadt werfen. So geschah es, und seitdem wächst die Ulme auf seinem Grab immer wieder bis zur Höhe der früheren Mauern, ver-dorrt dann plötzlich und schlägt neu aus. Solche symbolkräftigen, fast magischen Ulmen fanden sich im Volksglauben auch bei uns. Im

RECHTE SEITE
**Burgsdorf,
Holz-Arten,**
1790

3.

*Ulmus sativa.*

*Die rauhe Ulme.*

Rheinhessischen bei Worms stand in einem Dorf eine *Lutherulme*. Die dazugehörige Legende lautet folgendermaßen: Als der Reformator 1521 zum Reichstag nach Worms fuhr, um seine Lehre vor Kaiser und Reich zu verteidigen, war unter der Menge, die überall seinen Weg säumte, eine alte Frau. Als der Zug vorbei war, rief sie wütend: »Was der predigt, ist so wenig wahr, wie dass mein Ulmenknüppel ausschlägt und grün wird.« Sagte es und rammte ihren Stock verächtlich in den Boden. Bald schon sah man die ersten Knospen aus ihm treiben, und aus dem Knüppel wurde die mächtige Dorf- und Lutherulme.

Im einst berühmten Schwarzwälder Kloster Hirsau stand eine Ulme, die den Dichter Ludwig Uhland (1787–1852) zu seinem Gedicht *Die Ulme zu Hirsau* anregte:

*Zu Hirsau in den Trümmern,*
*Da wiegt ein Ulmenbaum*
*Frischgrünend seine Krone*
*Hoch überm Giebelsaum.*

*Er wurzelt tief im Grunde*
*Vom alten Klosterbau;*
*Er wölbt sich statt des Daches*
*Hinaus in Himmelsblau.*

*Weil des Gemäuers Enge*
*Ihm Luft und Sonne nahm,*
*So trieb's ihn hoch und höher.*
*Bis er zum Lichte kam ...*

Dem Dichter war sie ein Symbol für Martin Luther, der wie der Baum mit seiner neuen Lehre die einengenden Mauern der alten Kirche sprengte:

*... Zu Wittenberg im Kloster*
*Wuchs auch ein solcher Strauß*
*Und brach mit Riesenästen*
*Zum Klausendach hinaus ...*

Magische Kraft sagte Hildegard von Bingen (1098–1179) den Ulmen nach, wenn sie behauptete, wer in einem von Ulmenholz erwärmten Wasser bade, werde rein und froh, verliere seine Bosheit und alle üble Gesinnung. Die Ulme wirke insgesamt, fuhr sie fort, besänftigend und ausgleichend auf den Menschen, böse Luftgeister könnten in ihrem Umkreis ihren schädigenden Einfluss nicht entfalten.

## Die Ulme als Heilmittel und ihre praktische Nutzung

Der griechische Arzt Dioskurides, der im ersten Jahrhundert lebte, empfahl, Wunden mit Ulmenblättern zu heilen. Nach Adam Lonitzers *Kreuterbuch* von 1577 müsse man dazu die trockenen Blätter zerstoßen und mit Essig anfeuchten.

Ulme und Wein gehörten im Altertum zusammen wie Bruder und Schwester, denn man pflanzte Ulme und Rebstock gemeinsam, damit sich der Wein an ihr hochrankte. Dadurch wurde und blieb sie der Baum, der Wein, Lebenslust und Liebe verkörperte:

> *Die reben ümfangen*
> *aus süszem verlangen*
> *die Ulmen mit lust.*
> Philipp von Zesen (1619–1689)

Friedrich Schiller (1759–1805) drückte es so aus: *Diese Ulmen mit Reben umsponnen, / sind sie nicht Kinder unserer Sonnen?* Und August Graf von Platen (1796–1835) beklagte den Tod der Geliebten mit folgenden Worten: *Die Ulme meines lebens ist gefällt, / an der die Rebe meiner Liebe hing.*

Die Ulme gehörte nicht nur der Poesie, sondern ihr Holz wurde auch von verschiedenen Handwerksberufen genutzt. In manchen Gegenden war ihr stoß- und druckfestes Holz, das nicht splitterte, unentbehrlich. Die Wagner stellten Schlittenkufen, Speichen und Naben der Räder daraus her. Am Bau waren Winden und Rollen der Flaschenzüge aus ihrem Holz; die Zimmerleute bauten ganze Glockenstühle damit. Nur bei den Schreinern war es wenig beliebt, da es das Werkzeug schnell stumpf werden ließ.

Aus dem Bast der Bergulme, der noch feiner und biegsamer als der der Linde ist, wurden Stricke und Seile gedreht, mit denen man Reben festband sowie Bienenkörbe und Matten flocht.

# Eberesche, Vogelbeere {*Sorbus aucuparia*}

Ihr Name wird auf verschiedene Art erklärt. Zum einen erinnert die Form der gefiederten Blätter an die Esche, mit der sie jedoch nicht verwandt ist. Die Vorsilbe *Eber-* mag auf die alte Bedeutung von *aber* (»falsch«) zurückgehen, wie bei *Aber*glauben, also *falsche* Esche. Eine andere Herleitung ist die von *Eber*, dem männlichen Schwein. Denn die Früchte wurden früher häufig den Schweinen als Futter vorgeworfen. Für diese Erklärung spricht der althochdeutsche Name *Eberboum*. Aus dem im Mittelalter gebräuchlichen *Eberasch* wurde ab dem 17. Jahrhundert *Eberesche*. Ihr vor allem volkstümlicher Name *Vogelbeere* wird verständlich, wenn man weiß, dass die Beeren mehr als 50 Vogelarten als Futter dienten. Vogelvielfalt und häufiges Vorkommen des Vogelbeerbaumes gehören heute allerdings der Vergangenheit an. Ihre im Volksmund außerdem gebräuchlichen Namen *Drosselbeere, Gimpelbeere, Krammetsbeere* oder *Dohnenbeerbaum* weisen in dieselbe Richtung. Insgesamt sind mehr als 150 volkstümliche Namen für die Eberesche bekannt. Aus dieser großen Zahl seien noch genannt: *Mossesche, Zippenbeerbaum* und *Quitschenbaum.*

## Standorte und biologische Merkmale der Eberesche

In fast ganz Europa ist die anspruchslose Eberesche heimisch. Da viele Vögel ihre Früchte mögen und die Samenkerne auf ihren Flügen verbreiten, findet man Ebereschensprösslinge auch an völlig unerwarteten Stellen, z.B. an steilen, unzugänglichen Hängen, in Mauerritzen und sogar auf alten Bäumen. Das hat zu mancher Sage Anlass gegeben. Auch wenn die Eberesche mit kargem Grund und selbst Moorboden zufrieden ist, gedeiht sie doch am besten auf leicht kalkigen Lehmböden, braucht aber viel Licht.
Im Wuchs ist sie unscheinbar, bildet häufig mehrere Stämme und wirkt dann wie ein zu groß geratener Strauch. Ihre Lebenserwartung mit etwa 100 Jahren ist für Bäume verhältnismäßig gering. Mit ihren

SCHLANKER, KLEINER BIS MITTELGROSSER BAUM MIT LOCKERER KRONE / BIS 15 M HOCH / TIEF UND BREIT GEHENDE WURZELN.

RECHTE SEITE
**Die Holzmaserung der Eberesche**

weit reichenden, nicht in die Tiefe gehenden Wurzeln findet sie
auf felsigem Untergrund noch bis zu einer Höhe von 2400 Metern
Halt und sichert die Ränder von Wildbächen und lawinengefährdete
Hänge. Ähnlich auffällig wie bei der Esche sind ihre gefiederten
Blätter mit vielen grob gesägten, zugespitzten Fiedern, die im
Herbst gelb bis dunkelrot leuchten.

Die schafwollfarbigen Blütenschirme, die aus vielen zwittrigen Einzelblüten bestehen, riechen aufdringlich süß und etwas fischartig.

Im Spätsommer leuchten kräftig orange-rote Dolden mit erbsen-
großen Miniaturäpfelchen aus dem grünen Laub. Wegen der in ihnen
enthaltenen Parasorbinsäure schmecken sie ausgesprochen bitter.
Offensichtlich war Kaiserin Maria Theresia von ihrem Nutzen so
überzeugt, dass sie in einer Verordnung von 1779 befahl: *Obstbäume
sollen gepflanzt werden, in kalten Gegenden die rothe Vogelbeere.*

## Geschichten und Brauchtum rund um die Eber-
## esche
Als der germanische Donnergott Donar einst in einen rei-
ßenden Strom gefallen war, konnte er sich nur retten, indem er sich
an einem überhängenden Eberenschenast aus dem Wasser zog, so
steht es in der jüngeren *Edda*. Die Dankbarkeit des Gottes spiegelte
sich in der Vorliebe seines Lieblingstiers, des Ziegenbocks, für die
Blätter dieses Baumes wider.

Es herrschte wohl die Vorstellung, von der Macht des Gottes seien
Kräfte auf den Baum übergegangen, die vor unheilvollen Mächten
schützten. Dieser Glaube zeigt sich in verschiedensten Bräuchen. Im
dänischen Frederiksund auf Seeland fand man in einem bronze-
zeitlichen Grab unter anderem auch Reste eines Eberenschenzweiges,
der dem Toten sicher als Abwehrzauber mitgegeben worden war.

Der Glaube an den Schutz vor Zauber durch die Eberesche hat sich
auch in manchen Gegenden Deutschlands, vor allem im Norden,
lange gehalten. Aus diesem Grunde findet man um alte Gehöfte,
manchmal auch rings um Dörfer Eberenschen.

In Schleswig musste der Stab, der ins Stampfbutterfass führte, aus
diesem Holz sein, damit der Sauerrahm sich zu Butter stoßen ließ.

In Mecklenburg bestand noch im 19. Jahrhundert der Brauch, vor
der Walpurgisnacht (1. Mai), der eigentlichen Hexennacht, an alle
Stalltüren Eberenschenzweige zum Schutz der Tiere vor bösem
Zauber zu hängen.

In Teilen Böhmens glaubte man, die Eberesche schütze vor Blitzein-
schlag. Deshalb steckte man Beeren tragende Zweige an die Fenster
und auf die Dächer. Hier ist der Bezug zum Donnergott greifbar.

vnd das nennen die Griechen Byrſodepſicum,
quaſi condepſatorium corij.

Der Baum/wie jhn Dioſcorides beſchreibet/
wirdt zwo Elen hoch/hat lange Bletter/etwas
rotlecht/vmbher zerkerfft/bringet dicke breitlech-
te Beerlin/wie der Baum Terebinthus/welche
ein rindechtes Häutlin haben. Der Samen wirt
zu der Speiß gebraucht.

Sumach Ruellij.

Es beſchreibt Ruellius einen Strauch/welcher in den Bergen vnd Felſechten Orten
in Franckreich wachſe/welches äſtlin Fingers dick ſind/zwo Elen hoch/Die Bletter wie
deß Vlmenbaums/aber haarechter/welche mit gleichem vnderſcheidt gegen einander/
vnd neben einander geſetzt ſind/gerings vmbher gantz klein zerkerffet. Die Blum iſt weiß
vnd getrungen/welche/ſo ſie abfellt/wachſen beerlin/bey einander geſetzt wie ein Traub.
Die Körner ſeind groß wie Linſen/vnnd breit/als wann ſie auff beyden ſeiten ein wenig
zepreßt weren/welche nach der zeitigung rot ſind. Die Wurtzel breitet ſich auffm Waſen
auß/vnd läßt ſich nicht leichtlich biegen.

Diß Gewächß/achtet Ruellius/ſey das Rhus, oder das Viburnum, welches Vergi-
lius gedenckt in Eclogis, da er ſagt:

*Quantum lenta ſolent inter Viburna Cupreſſi.*

## ¶ Natur oder Complexion.

Die Bletter/wie Dioſcorides ſchreibt/haben ein zuſamenziehende vnd külende natur.
Haben gleiche wirckung mit der Acacia. Der Samen zeucht zuſammen vnd ſtopffet.

## ¶ Krafft vnd wirckung.

Der Same Rhus genandt/wirt an ſtatt deß Saltzes in die Speiß gethan.

Ein Decoction daruon/iſt gut der roten Ruhr/ſo ein Cliſtier darauß gemacht wirdt. **Rote Ruhr.**
Iſt nützlich im Tranck vnnd Speiß/vnnd zu einer Bähung. Iſt auch gut dem langen
Bauchwehe. **Bauchwehe.**

In Laugen geſotten/machets das Haar ſchwartz/reiniget die ſchwerenden Ohren. **Ohrenenter.**
Die Bletter mit Eſſig vnd Honig auffgeſtrichen/wehren dem faulen Fleiſch. **Faul Fleiſch.**

Auß den dörren Blettern macht man ein Decoction/dick wie Honig/welche gleiche
krafft hat mit dem Gummi Lycium.

Immer wieder stößt man beim Brauchtum auf *Lebensruten*, also Zweige der früh im Jahr treibenden Sträucher und Bäume, die das Aufkeimen neuen Lebens verkörpern.

Als eine solche Lebensrute erscheint der Ebereschenzweig in Mecklenburg beim Brauch des *Kälberquekens*. Am 1. Mai berührte der Hirte vor allem die jungen Tiere mit einem *Quitschenzweig*, also einem Ebereschenzweig, und sagte dabei:

*Ik quitsche di, ik queke di,*     *Ich drück' dich, ich schlag' dich,*
*De leiwe Gott dei beter di,*     *Der liebe Gott tu' Besseres dir,*
*Denn warst du dick un fett un rund*  *Dann wirst du dick, fett und rund*
*Un dennoch gesund.*             *Und bist dennoch gesund.*

Gesundheit und Gedeihen sollte die Berührung mit einem Ast des *Queckbaums* also bewirken. Im Mittelhochdeutschen bedeutet *quec* »frisch«, »lebendig«. Das Wort steckt in »Quecksilber« wie in »erquicken«.

RECHTE SEITE
**Weinmann,
Eigentliche
Darstellung,**
1735

Eine niederrheinische Sage spricht dem Baum die Fähigkeit zu, Unschuld zu beweisen. Als ein junges Mädchen wegen eines schweren Verbrechens, das es nicht begangen hatte, in ein Verlies gestoßen wurde, rief es unter Tränen, Gott werde seine Unschuld beweisen. Über seinem Grab werde aus dem grauen Gemäuer ein Bäumchen wachsen. Sein schlimmes Schicksal war schon fast in Vergessenheit geraten, als den Menschen ein Ebereschenbäumchen auffiel, das aus den Mauerspalten des Gefängnisses trieb und Jahr für Jahr mit seinen weißen Blüten die Unschuld des Mädchens bewies. Die Menschen erklärten sich durch solche Legenden die ungewöhnlichen Orte, an denen die Eberesche gelegentlich wächst.

## Die Eberesche als Heilmittel und ihre praktische Nutzung
Aus Funden in Pfahlbauten weiß man, dass die Menschen der Jungsteinzeit und Bronzezeit die Beeren der Eberesche gesammelt haben; unbekannt ist jedoch, wie sie diese verwendeten, ob getrocknet, als Mus oder vergoren.

Hildegard von Bingen (1098–1179) hingegen war der Meinung, die Eberesche schade dem Menschen eher, als dass sie ihm nütze. Dies ist allerdings wohl nicht als Beleg für das weithin vergebliche Bemühen der Kirche, heidnische Bräuche und Vorstellungen aus den Köpfen der Menschen zu verdrängen, zu werten. Wahrscheinlicher ist, dass sie die damals weit verbreitete Ansicht teilte, die Beeren seien giftig.

*a. Sophia chirurgorum seu Seriphium*, Sesen=kraut.
*b. Sorbus aucuparia vel ornus, Cormier*, Vogel=Beer=Baum.

Es ist als gesichert zu betrachten, dass man der Eberesche als Heilmittel keine Bedeutung beimaß. Hieronymus Bock warnt in seinem *Kreuterbuch* von 1551 vor dem Genuss der rohen Beeren: *Sie sind eines seltsamen unlustigen geschmacks. / So mann deren zuviel isset / machen sie unwillen.* Seine Zeitgenossen Adam Lonitzer und Leonhart Fuchs erwähnten sie nicht einmal.

Als Lieblingsspeise vieler Vögel gehörten die Früchte seit dem Mittelalter zu den am häufigsten verwendeten Lockmitteln beim Vogelfang. Das bestätigt Pietro Mattioli 1563 in seinem *Kreuterbuch*: *Die Beeren halten die Bauern über den Winter zum Vogelstellen, denn die Drosseln haben ihre Nahrung daran.* Für den früher allgemein beliebten Vogelfang – das Jagdvergnügen des kleinen Mannes – wurden an Bügeln und Bögen aus Weidenholz mehrere Rosshaarschlingen so befestigt, dass der Vogel beim Versuch, die Vogel- oder Krammetbeeren zu picken, von der sich zuziehenden Schlinge erstickt wurde.

Diese bei uns verpönte Jagdart nannte man den *Dohnenstieg* – Dohne bedeutet »Falle«. Es sollten zwar nur Wacholderdrosseln, auch Krammetsvögel genannt, gefangen werden, doch die Schlingen wurden auch vielen anderen Vögeln zum Verhängnis, die dann auch gespickt und gebraten auf den Tellern landeten. Martin Luther war zu seiner Zeit einer der schärfsten Gegner dieses »Volkssports«. Er konnte aber seinen Diener und andere ebenso wenig davon abbringen wie es die landesherrlichen Verbote anderswo vermochten. Auch die heutige Ächtung des Tötens der Zugvögel zeigt in manchen Gegenden Frankreichs und Italiens bisher wenig Wirkung. Für den Menschen war die Nutzung der Vogelbeeren als Lebensmittel wegen der darin enthaltenen Bitterstoffe sehr eingeschränkt, weil das Entbittern sehr aufwändig war. Durch Zufall entdeckte man vor etwa 200 Jahren die so genannte Mährische Eberesche, die viel weniger Bitterstoffe, dafür aber eine größere Menge des Zuckeraustauschstoffes Sorbit enthält. Ihre Beeren lassen sich auch heute noch gut zu Gelee oder Marmelade verarbeiten. Jedoch ist, wie ein Sprichwort sagt, *die röteste Vogelbeere doch keine Himbeere.*

RECHTE SEITE
**Burgsdorf, Holz-Arten,** 1790

*Sorbus aucuparia.*

*Der Vogelbeerbaum.*

# Schwarzdorn, Schlehe {*Prunus spinosa*}

Im Althochdeutschen hieß sie *sleô*, im Mittelhochdeutschen *slê*.
Wie heute bezeichnete man damit Pflanze und Frucht. Im Mittelalter und in der Frühen Neuzeit gebrauchte man das Wort *slê* aber
nicht nur für diesen Strauch und seine Früchte, sondern auch für die
Pflaume, die »große Schlehe« hieß. Man hielt die Schlehe für die
*wilde* Pflaume. Damit hatte man nicht ganz unrecht, da beide eng
miteinander verwandt sind. Deshalb konnten Pflaumen oft auf
Schlehen, die zu kleinen Bäumen gewachsen waren, gepfropft werden. Den Namen *Schwarzdorn* erhielt die Schlehe wegen ihrer sehr
dunklen und dornigen Äste und Zweige. Der Volksmund nennt sie
unter anderem auch *Schlehdorn, Hagedorn* und *Heckendorn*.

## Standorte und biologische Merkmale der Schlehe

Die Schlehe gehört zu den robusten Pflanzen, die sich auf unbe-
wirtschafteten Wiesen und Weinbergen, in Hecken und an Waldrändern gegenüber anderen Sträuchern gut durchsetzen. Da sie
aus ihren weit reichenden Wurzeln Schösslinge treibt, bildet sich
dadurch schnell ein undurchdringliches, dorniges Gestrüpp, das
vielen Vögeln einen sicheren Nistplatz bietet. Unter ihnen ist auch
der Neuntöter, der den Strauch als Vorratskammer nutzt, indem er
an seinen Dornen Insekten und sogar Mäuse aufspießt, um sie für
später aufzubewahren.

Im zeitigen Frühjahr sind ihre schwarzen Zweige von unzähligen
kleinen weißen Blüten übersät, die Staubgefäße und Fruchtknoten
vereinen. Sie ist zu dieser frühen Jahreszeit Nahrungsquelle vieler
Insekten. Die kleinen eiförmigen Blätter laufen spitz zu und sind
scharf gesägt. Die etwa kirschgroßen Steinfrüchte hängen im Herbst
wie violett-blaue Perlen im Strauch. Leider wird während des Sommers mancher Schlehdorn von der Gespinstmotte kahl gefressen
und wie mit weißen Schleiern umwoben. Meistens erholen sich die
zähen Sträucher jedoch und treiben neu aus.

DORNIGER, MITTEL-
GROSSER STRAUCH /
BIS 3 M HOCH /
WEIT VERZWEIGTE
WURZELN, AUS
DENEN SCHÖSSLINGE
TREIBEN.

RECHTE SEITE
Die Holzmaserung
der Schlehe

## Geschichten und Brauchtum rund um die Schlehe
Eine ganze Reihe von Baum- und Strauchlegenden bezieht sich auf das Leiden Christi; dabei wurde einigen Bäumen eine Mitschuld an seinem Leiden vorgeworfen. Einer Legende nach beschuldigte einst der Weißdorn die Schlehe vor allen anderen Bäumen, sie habe den Schergen ihre dornigen Zweige für die Marterkrone Christi hergegeben. Gott hatte Mitleid mit dem zu Unrecht gescholtenen Strauch. Am nächsten Morgen waren zum Zeichen seiner Unschuld die schwarzen Zweige unter der Fülle weißer Sternchen kaum noch zu sehen. Und von da an blühte die Schlehe immer als erste nach dem Winter. Die Blüten des Weißdorns aber riechen seitdem zur Strafe für die üble Nachrede unangenehm.

RECHTE SEITE
Fuchs,
Kreüterbuch,
1543

Der griechische Fabeldichter Äsop wollte am Beispiel des Schlehdorns seinen Mitmenschen verdeutlichen, wie eingeschränkt ihre Sicht manchmal ist: Eine hoch gewachsene, stolze Tanne, die alles in ihrer Umgebung überragte, rühmte gegenüber dem niedrigen Dornbusch ihre Vorzüge. »Deshalb«, entgegnete die Schlehe spitz, »fällt dich der Mensch.«

Auch in der folgenden Fabel ist der Dornbusch nicht auf den Mund gefallen, als ihm ein Fuchs seine »Kratzbürstigkeit« vorwirft: Meister Reinecke war in ein Loch gefallen. In seiner Not griff er nach dem dornigen Ast einer Schlehe. Als er sich daran hochgezogen hatte und seine blutige Pfote betrachtete, beschimpfte er den Strauch, er könne nicht helfen, ohne zu schaden. »Wer Hilfe braucht«, erhielt er zur Antwort, »muss sie nehmen, wie er sie findet.«

Da der Strauch ein typisches Gewächs kargen Bodens ist, wählte man ihn gern, wenn man eine fremde Gegend als rau und ärmlich bezeichnen wollte. So lautete ein eher ironisch zu verstehendes Sprichwort: *Schwabenland ist ein guot Land, es wachsen vil Schlehen darinn.* Ein anderes: *Wenn die Schlehen und Holtzäpffel nicht gerathen, so haben die Hessen weder zu sieden noch zu braten.*

Wie alle Dornensträucher schützte die Schlehe nach altem Volksglauben vor Schaden und Hexenzauber. In Schlesien nagelte man deshalb in der Walpurgisnacht (1. Mai) ihre Zweige an die Stalltüren und steckte sie in den Misthaufen. Mancher fühlte sich mit einem Schlehenstock in Feld und Wald vor allem Hexenspuk gefeit. Wenn man in Franken die Herbstblumen vor Frost schützen wollte, legte man Schlehenäste auf die Beete. Diese mussten aber am Abend vor dem Martinsfest (11. November) schweigend geschnitten worden sein.

404

PRVNVS
SYLVESTRIS.

Schlehen.

Im Elsass war man überzeugt davon, dass jede Wunde und jedes Geschwür, das man mit dem *Agathenholz* berühre, heile. Dieser Wunderstab war ein fingerlanger Schlehenzweig, der am Fest der heiligen Agathe (5. Februar) während des Mittagsläutens abgeschnitten worden war. Zu den vielen volkstümlichen Warzenmitteln zählte auch die Schlehe. Ein Mensch mit Warzen musste eine Nacktschnecke auf den Dorn einer Schlehe spießen und dabei sprechen:

| | |
|---|---|
| *Schneck, i tu di nit ins Grab,* | *Schneck, ich leg dich nicht ins Grab,* |
| *Büß di Lebe am Dorn do ab!* | *Büß dein Leben am Dorn hier ab!* |
| *Wenn di Lebe isch entflohn,* | *Wenn dein Leben ist entfloh'n,* |
| *Sin mini Warzen au dervon.* | *Sind meine Warzen auch davon.* |

Auch glaubte man an die magische und Lebenskraft steigernde Macht der ersten Frühlingsblumen und -blüten, zu denen auch die Schlehe gehört. So dachte man, wer die ersten drei gefundenen Schlehenblüten esse, sei das ganze Jahr hindurch vor Fieber sicher.

**Die Schlehe als Heilmittel und ihre praktische Nutzung** In den *Physica* schrieb Hildegard von Bingen (1098–1179), die Schlehe sei als Heilmittel gegen Gicht durch nichts zu übertreffen. Auch in den Kräuterbüchern der Frühen Neuzeit finden sich viele Rezepte mit der Schlehe. Ein großer Teil hat einen magischen Einschlag, andere sind frei davon. So wird ein Tee aus den Blüten als schonendes Abführmittel bei Verstopfungen und bei Hauterkrankungen wie Flechten und Ekzemen empfohlen. Schlehensaft galt als vielseitig einzusetzendes Mittel, z.B. bei Zahnfleischerkrankungen und gegen Fieberschübe. Ein aus den unreifen Beeren des frühen Herbstes gebranntes Schlehenwasser war nach Adam Lonitzer (1577) ein erfolgreiches Mittel gegen Ruhr, wenn man dreimal täglich ein Gläschen davon trank.

Viele Funde in jungsteinzeitlichen Pfahlbauten belegen, dass Schlehen wie Haselnüsse bereits damals zu den Nahrungsmitteln gehörten. Im Mittelalter und noch in der Neuzeit wurden sie wie Pflaumen gedörrt und zu Mus und Saft verarbeitet. Vor allem in Gegenden, in denen kein Wein wuchs, vergor man sie zu Wein und brannte sie dann zu Schnaps.

*Prunus spinosa.*

*Der Schlehendorn.*

# Hasel, Haselnuss {*Corylus avellana*}

Der heutige Name der Hasel ist schon im Althochdeutschen in der Form *hasal* belegt.

## Standorte und biologische Merkmale der Hasel

Lange nachdem Birke und Kiefer gegen Ende der letzten Kalt-zeit die baumlose Tundra besiedelt hatten, verbreitete sich um 7000 v. Chr. die Hasel in einer wärmeren Zeit so stark, dass die Fachleute von der *Hasel- und frühen Eichenmischwaldzeit* sprechen. Heute wächst sie in großen Teilen Europas, dessen mediterranen Süden sie meidet. Häufig findet man sie in Hecken und Ge-büschen, an Hängen und Waldrändern, allerdings auch im Unter-holz von lichten Laubwäldern und im Gebirge bis etwa 1500 Meter. Gewöhnlich wächst die Haselnuss als ausschlagfreudiger Strauch, dessen Zweige bis zu sieben Meter hoch werden können. Nur selten wird sie zu einem kleinen Baum. Ihre Rinde ist un-auffällig grau-braun, erst im hohen Alter wird sie leicht rissig. Aus Südosteuropa und Kleinasien stammt eine größere Verwandte, die *Baumhasel*, die heute bei uns als unempfindlicher Park- und Straßenbaum gepflanzt wird. Im frühen Frühjahr sieht man am Haselstrauch sowohl die knospenförmigen und leuchtend roten weiblichen Blüten als auch die männlichen Blüten in Form hängender, blass-gelber Kätzchen. Sie haben den Volksmund zu den Namen *Lämmerschwanz* und *Märzennudel* angeregt. Die fast runden, gesägten Blätter sind dunkelgrün, haben deutliche Blatt-adern und sind auf beiden Seiten behaart. Haselnusssträucher tragen erst nach zehn Jahren Früchte, dann aber fast jedes Jahr. Der Haselnusskern ist von einer hölzernen Schale umgeben, die in einer breitzipfligen Fruchthülle sitzt. Im Herbst fallen die reifen braunen Nüsse aus den Hüllen, wurmstichige und taube bleiben in ihnen.

BUSCHIGER,
GROSSER STRAUCH /
3 BIS 7 M HOCH /
FLACHE WURZELN.

RECHTE SEITE
Die Holzmaserung
der Haselnuss

## Geschichten und Brauchtum rund um die Hasel

Die Vorstellung von der magischen, abwehrenden und schützenden Kraft der Hasel ist offenbar sehr alt und tief verwurzelt. Reste finden sich in den Rechtsaufzeichnungen der Franken, der *Lex Ribuaria*, um 630 n. Chr. und in Sagen der *Edda*.

Die *Lex Ribuaria* schrieb vor, ein des Totschlags Beschuldigter habe am Gerichtsstein des Königs mit zwölf Eideshelfern, also Männern, die seine Unschuld beschwören sollten, zu erscheinen. Dieser Stein stand auf einem mit Haselstangen eingehegten, umfriedeten Platz. Eine Eddasage beschrieb ihn als einen ebenen, mit Haselstecken abgegrenzten Ring. Die Haselstecken waren mit Bastseilen und Bändern verbunden. Das machte ihn als Ort des Friedens unübersehbar, aber nicht unangreifbar, wenn jemand unzufrieden über den Urteilsspruch war. Dieselbe Sage berichtet: *Alf stürmte mit seinen Mannen zur Richtstätte. Sie rissen die Haselstangen heraus und zerbrachen sie. Dann verjagten sie den Richter.*

Reste dieses germanischen Gerichtsbrauchs fand man noch um 1400 in der Schweiz. Die Gerichtsordnung des Kantons Zürich schrieb vor, dass die zwei jährlichen Gerichtssitzungen ... *ze meyen und ze herbst ... under der haselstuden ...* abgehalten wurden. Auch der Kampfplatz wurde nach einer anderen Eddasage mit Haselstangen abgesteckt. Diese Umzäunung sollte zweifachen Schutz gewähren: Wer außerhalb war, lebte unbedroht, wer innerhalb stand, den schützte der Zaun vor unverhofften weiteren, vor allem dämonischen Gegnern. Bei den oben erwähnten Beispielen ist der magische Charakter der Hasel kaum erkennbar, man könnte ihn, sicher zu Unrecht, auf einen rein symbolischen Wert reduzieren.

Im Volksglauben dagegen und in vielen Volkserzählungen bis weit in die Neuzeit hinein wird der Hasel, vor allem der Haselrute, eindeutig magische Kraft angedichtet: Ein Haselstrauch schützte einer Legende zufolge die Heilige Familie auf ihrer Flucht nach Ägypten in einem schlimmen Gewitter vor den Blitzen.

Nach einer anderen Legende wurde Maria beim Erdbeerpflücken von einer Schlange angegriffen. Sie flüchtete in den Schutz einer Hasel, bis die Schlange verschwunden war, und sagte dann: »Wie die Haselstaude diesmal mein Schutz gewesen ist, so soll sie es auch in Zukunft anderen Menschen sein.« Die Legende schließt mit den Worten: *Darum ist seit den ältesten Zeiten ein grüner Haselzweig gegen Nattern, Schlangen und was sonst auf der Erde kriecht der sicherste Schutz.* Die *Wünschelrute* sollte im Gegensatz dazu nicht abwehren, sondern Verborgenes aufdecken, wie unterirdisches Wasser, Erze

RECHTE SEITE
Fuchs,
Kreüterbuch,
1543

398

AVELLANA NVX
SYLVESTRIS.

Haſelnuß.

und vor allem Schätze. Damit sie das vermochte, musste die Rute, so wollte es der Volksglaube, am Karfreitag oder in der Johannisnacht (24. Juni) von einem Strauch geschnitten werden, unter dem die *weiße Schlange* lag. Diese nur unter der Hasel anzutreffende Schlange ist ein Fabelwesen, das in den Erzählungen verschieden aussah; es konnte ein Hechtsmaul haben, groß wie ein Wickelkind sein und wie dieses schreien, aber auch *18 Schuh lang, mannsdick mit Füßen am Bauch* sein, wie ein Bauer einem Braunschweiger Chronisten um 1600 berichtete. Der von einem solchen Strauch geschnittene Zweig brachte Reichtum. Wer aber die Schlange tötete und ihr Fleisch aß, der gewann nicht nur unermesslichen Reichtum, sondern er konnte sich auch unsichtbar machen und verstand die Sprache aller Menschen, Tiere und Pflanzen. Kein Geheimnis blieb ihm verborgen. Nach einer Tiroler Sage war der berühmte Arzt Paracelsus (1493–1541) ein solcher Glückspilz.

In einem Märchen nach Ludwig Bechstein (1801–1860) ist der Haselzweig ein erlösender Zauberstab, der allerdings für seine verwandelnde Kraft menschliche Treue und Unerschrockenheit braucht: Ein auf Reisen gehender Kaufmann fragte seine drei Töchter, was sie sich als Mitbringsel wünschten. Die beiden älteren wollten kostbare Schmuckstücke, die Jüngste aber nichts als einen schönen Haselzweig. Als der Vater nach langem Suchen einen solchen Zweig sah und brach, trat ihm ein riesiger Bär entgegen und wollte ihn wegen des Diebstahls von seinem Strauch fressen. Der Kaufmann rettete sein Leben, indem er dem Bären versprach, er werde ihm ausliefern, was ihm bei seiner Rückkehr in Haus und Hof als Erstes begegne. Statt des erhofften Pudels war es seine jüngste Tochter. Der Versuch, den Bär mit dem Kind armer Leute auszutricksen, misslang, die Jüngste musste mit ihrem Haselzweig Meister Ingrimm folgen. Sie gehorchte seinen Anweisungen und schritt durch immer neue Räume einer ausgedehnten Höhle, wobei es in jeder nachfolgenden vor noch schrecklicherem Ungetier wimmelte. Weil sie, wie befohlen, trotz Schauder immer weitergegangen war, erlöste sie den Bär und sein verzaubertes Gefolge und lebte fortan mit ihrem Prinzen und den glücklichen Eltern auf seinem wunderschönen Schloss.

## Die Hasel als Heilmittel und ihre praktische Anwendung
In der Volksheilkunde wurde Tee aus Haselkätzchen als schweißtreibendes Mittel gebraucht. Haselnussblättertee, der längere Zeit ziehen musste, galt als bewährtes Mittel gegen

RECHTE SEITE
Weinmann,
Eigentliche
Darstellung,
1735

a. *Corylus sa-*
*tiva fructu ob-*
*longo albo, Noisetier,*
Weiſſe-Barth-Nuß.
b. *Corylus sativa rubris*
*oblongis, nucibus,*
Barth-Nuß.

c. *Corylus horten-*
*sis fructu albo ro-*
*tundo maximo,*
Cellern-Nuß.
d. *Corylus sylvestris, Avellines,*
Haſel-Nuß.

geschwollene Beine. Während Nussschalen, in Wasser gekocht, als Tee harntreibend wirken sollten, wurde der Nuss selbst nachgesagt, sie beuge Bettnässen vor. Adam Lonitzer hielt in seinem *Kreuterbuch* von 1577 zerstoßene Haselnüsse, die in Honigwasser gekocht wurden, für ein gutes Hustenmittel. Gegen zitternde Hände verordnete er das Einreiben mit einem Haselnussschnaps, der aus den noch grünen Nüssen gebrannt war.

Wie viele vor und nach ihr sprach Hildegard von Bingen (1098–1179) der Hasel positive Wirkung auf die Fruchtbarkeit zu: Ein Mann, der keine Kinder zeugen könne, solle eine mit Haselnussknospen, Pfeffer und Kräutern kräftig gewürzte Fleischbrühe häufig trinken. Der Mann werde dann, schrieb sie, Kinder zeugen, wenn es Gottes Wille sei. Vor allem aber nannte sie die Hasel einen Baum der Ausgelassenheit. Damit bekräftigte sie das Sprichwort, mit dem man eine reiche Haselnussernte kommentierte: *Viele Haselnüsse, viele uneheliche Kinder.* Offensichtlich war das Nüsselesen eine beliebte Tätigkeit des jungen Volkes, die im Schutz der dicht stehenden Sträucher zu mancher Tändelei und erotischem Spiel animierte; ein alter deftiger Spruch besagte: *Wenn die Nuss sich bräunt, der Schoß sich behaart, wird es Zeit, beide zu knacken.* Natürlich war die Hasel zu allen Zeiten in erster Linie Nahrungsmittel – ein wichtiges und beliebtes Sammelgut, das man roh aß oder zu Öl presste. Auch heute kann man sich Weihnachtsgebäck ohne Haselnüsse kaum vorstellen. Schon zur Zeit der Jäger und Sammler waren die ölreichen, gut schmeckenden Nüsse an den zahlreich vorhandenen Sträuchern für die umherstreifenden Jäger im Herbst ein willkommener Mundvorrat. Die für das Sammeln zuständigen Frauen konnten damit einen Großteil der Wintervorräte decken. Auch als die Menschen in der Jungsteinzeit Ackerbau betrieben, erfreuten sich die Nüsse, wie man aus Funden weiß, weiterhin großer Beliebtheit. Dass die Hasel damals auch kultische Verehrung genoss, kann vermutet, aber nicht belegt werden.

In jedem Fall hat folgendes Sprichwort Recht, gleich, ob man es im einfachen oder übertragenen Sinne versteht: *Wenn die Haselnüsse noch so gut geraten, es werden keine Walnüsse.*

RECHTE SEITE
Burgsdorf,
Holz-Arten,
1790

# Walnuss {*Juglans regia*}

Unser Wort Walnuss leitet sich von *Welschnuss* ab. Früher nannte man die Franzosen, vor allem aber die Italiener bei uns häufig *Walsche* oder *Welsche*. Die Welschnuss war also die Nuss, die aus dem Land der Welschen kam.

## Standorte und biologische Merkmale der Walnuss

Die Urform unseres Walnussbaums stammt aus Kleinasien. Von dort kam er über Griechenland nach Italien und wurde im 1. Jahrhundert v. Chr. an den Südhängen der Alpen und in Südfrankreich kultiviert. Um Christi Geburt brachten die Römer die Walnuss mit an den Rhein. Wie der Wein trägt sie nur in wärmeren Gegenden reiche Frucht. Etwa 800 Jahre später befahl Karl der Große in seinem *Capitulare de villis*, einer Verordnung für die Reichs- und Hofgüter, das Anpflanzen von Walnuss- und Kastanienbäumen und anderen südlichen Gehölzen. Aber erst Jahrhunderte später war die Walnuss in wärmeren Gegenden Deutschlands wirklich heimisch. Sie wurde jedoch nie ein Baum, dem man in Lied oder Dichtung Zuneigung entgegenbrachte. Vielleicht hängt das damit zusammen, dass sie keinerlei Gehölz in ihrem Umkreis duldet. Der Volksmund sagt, man dürfe Nussbaum und Eiche nicht zusammen pflanzen, weil dann die Eiche sterben müsse. Der Nussbaum wächst zu einem stattlichen Baum heran, der mehrere hundert Jahre alt werden kann und schon an der Silhouette zu erkennen ist. Der kurze, kräftige Stamm teilt sich in gleich starke, sich nach oben biegende Äste. Halt geben ihm zunächst tief gehende und später seitliche Wurzeln.

Auffällig ist seine graue, netzartig tief eingerissene Borke. Die jungen Blätter haben anfangs eine zart rötliche Färbung und werden dann dunkelgrün und lederartig. Beim Zerreiben duften sie aromatisch. Die gefiederten Blätter ähneln in ihrer Form den Eschenblättern, sind aber erheblich größer und eiförmiger.

MITTELGROSSER BAUM MIT KRÄFTIGEM STAMM UND BREITASTIGER KRONE / BIS 20 M HOCH / PFAHLWURZEL UND SEITLICHE WURZELN.

RECHTE SEITE
**Die Holzmaserung der Walnuss**

Die langen grünlichen Kätzchen, die männlichen Blüten, hängen am Ende der vorjährigen Triebe, während die weiblichen birnenförmig an den Zweigenden wachsen. Der Wind sorgt für die Bestäubung. Im Herbst sitzen die Früchte in golfballgroßen grünen Kugeln an den Ästen.

Erst wenn sie reif sind, springen die dann braunen Schalen auf, und die hellbraune Walnuss wird sichtbar. Die Nuss im Innern, die durch eine Trennwand geteilt ist, erinnert in der Form an unser Gehirn.

RECHTE SEITE
Fuchs,
Kreüterbuch,
1543

## Geschichten und Brauchtum rund um die Walnuss

Die Griechen verehrten den Walnussbaum als Baum ihres höchsten Gottes Zeus. Dort galt er auch als Mittler zwischen Menschen und Göttern. So waren die Früchte, die man *Eicheln des Zeus* nannte, in der Meinung des Volkes auch Speise der Götter. Bei den Römern war die Nuss Fruchtbarkeitssymbol und Glücksbringer. Der Dichter Vergil bestätigt das mit dem Ausspruch: *Sparge, marite, nuces!* (Streue Nüsse, Ehemann!)

Mit dem Baum ist offensichtlich auch ein Teil antiker Vorstellungen, die mit ihm verbunden waren, bei uns übernommen worden, denn die Nuss spielte noch in der Neuzeit bei Hochzeiten eine ähnliche Rolle. In der Gegend von Hannover war es Brauch, dass die Braut den *Nöt! Nöt!* schreienden Kindern Nüsse zuwarf. In der Oberpfalz musste jeder Bursche seinem Mädchen vor dem Hochzeitstanz ein paar Nüsse schenken. Die Nuss war auch ein Zeichen der noch verschlossenen Zukunft des jungen Paars. Um gleich zu erfahren, wie die Ehe wird, warfen Braut und Bräutigam in Frankreich zwei Nüsse ins Feuer. Lagen sie unbeweglich in der Glut, bedeutete das eine glückliche Ehe, sprangen sie aber krachend durchs Feuer, versprach es, eine dramatische Ehe zu werden.

Nüsse und Getränke aus Nussblättern verzehrte man, um Fruchtbarkeit und Potenz zu steigern. Es verwundert nicht, dass die Walnuss wie die Hasel auch Symbol ungewollten Kindersegens war, der sich in manchem Spruch widerspiegelte. So hieß es bei einem unehelichen Kind, es sei *vom Nussbaum gefallen*, oder drastischer, sein Vater sei *auf dem Nussbaum ersoffen*.

Nicht nur beim Eheglück hoffte man, von der Nuss die Zukunft zu erfahren. In Wien knackte man an Neujahr zwölf Nüsse; war keine taub oder wurmstichig, konnte man mit einem glücklichen Jahr rechnen.

Wie bei anderen Bäumen glaubte man, auch an der Walnuss das Wetter und die Ernte ablesen zu können: An der Mosel hieß es:

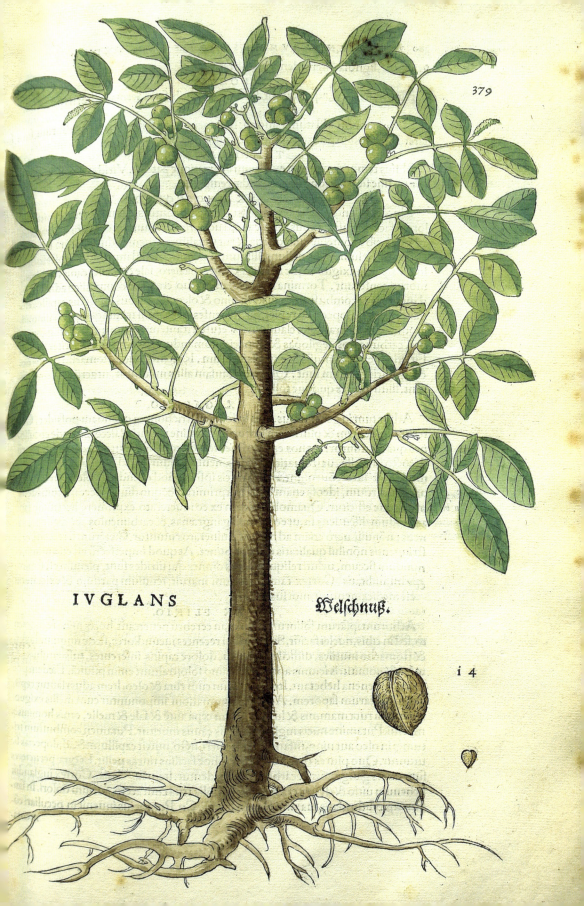

IVGLANS     Welschnuß.

i 4

*Wenn et kä Nöß jet, jet et och kä Koor.* (Wenn es keine Nüsse gibt, gibt es auch kein Korn.) Ähnlich wie die Weide hat der Walnussbaum im Volksglauben schädigenden Einfluss auf alles in seiner Umgebung. Das behaupteten schon die römischen Schriftsteller Varro († 27 v. Chr.) und Plinius († 79 n. Chr.). Der Arzt Leonhart Fuchs betonte die Schädlichkeit des Nussbaumschattens in seinem *Kreuterbuch* (1543) ebenfalls. Im Rheinland war die Warnung, dass alles Futter im weiteren Umkreis eines Nussbaums das Vieh krank mache, noch im 18. Jahrhundert bekannt. Nach dem Schweizer Volksmund führte längerer Schlaf in seinem Schatten sogar zum Tod.

## Die Walnuss als Heilmittel und ihre praktische Nutzung

Ein aus der Nuss gewonnenes Gegengift, von dem Plinius berichtete, hat sicher auch magischen Charakter. Der römische Feldherr Pompejus habe nach seinem Sieg über den König Mithridates von Pontus († 63 v. Chr.) in dessen Schatzkammer ein Geheimrezept für eine Mixtur u.a. aus Walnüssen entdeckt. Wer diese Arznei am Morgen nüchtern trinke, sei den ganzen Tag lang vor Gift sicher. Am Hof dieses Königs soll eine solche Arznei zum Überleben notwendig gewesen sein.

Noch Adam Lonitzer nennt in seinem *Kreuterbuch* von 1577 ein Rezept, von dem er sich die gleiche Wirkung verspricht: *Zwo gedörrt Baumnuß / mit zweyen Feigen / zwentzig Rautenbletter / vnnd ein wenig Saltz vnder einander gestossen / nüchtern eingenommen / versichert* (schützt) *denselben tag vor aller vergifftung*.

In der Volksheilkunde wurden die Blätter wegen ihrer zusammenziehenden, entzündungshemmenden, aber auch wundheilenden Eigenschaften immer wieder bei Hautkrankheiten wie Flechten, Ekzemen, Herpes, aber auch bei offenen Beinen und Krampfadern eingesetzt. Hildegard von Bingen (1098–1179) empfiehlt eine Salbe aus den Blättern bei Hautkrankheiten bis hin zur Lepra.

Gegen Ungeziefer jeglicher Art, wie Mücken, Motten und Mäuse, zerrieb man Blätter wegen ihres starken Geruchs; in Krankenzimmern diente ein Räucherwerk aus Walnussblättern, Rosmarin und Wacholder dazu, Insekten zu vertreiben und unangenehme Gerüche zu überdecken.

Der Nussbaum verbesserte gerade kleineren Bauern das Leben, denn der Ertrag von annähernd einem Zentner pro Baum war wertvolle Nahrungsergänzung, Tauschmittel und konnte auch bares Geld einbringen. Daher erklärt sich der Brauch, bei der Geburt des Stammhalters einen Nussbaum zu pflanzen. Zusätzlich sollte das Gedeihen

RECHTE SEITE
Lonitzer,
Kreuterbuch,
1560

Süſſe Mandeln geſſen / macht wol ſchlaaffen vnnd harnen. Gemiſchet mit Menta, vertreibt den ſchmertzen der Lenden / vnd benimpt das Geſchwer der Lungen / darvon die Schwindtſucht kompt.

*Schlaaffen.*

*Schwindt-ſucht.*

## ¶ Süß Mandelöl.

Süß Mandelöl lindert die rauhe Kele / iſt gut der Lungen / den harten vnd truckenen Gliedern / Iſt lieblich in der Speiß. Iſt gut denen / ſo lang kranck ſeyn geweſen / vnd den Abnemenden / macht feyßt / mehret die Natur / ſtillet den Huſten vnd hitzigen Harn. Iſt gut der verſehrten Blaſen vnd Mutter / mit einer Röhr hinein gelaſſen.

*Rauhe Kele.*
*Lungen.*
*Blaſen.*
*Mutter.*

## ¶ Bitter Mandelöl.

Bitter Mandelöl öffnet die Verſtopffung / vnd zertheilt die windigkeit vnd Dämpff / iſt ſonderlich gut den Taubſüchtigen / deßgleichen dem ſauſen vñ wehethumb der Ohren / macht lind die harten Sennadern / vertilget auch die Flecken deß Angeſichts.

*Ohrenbreſten.*

# Nußbaum / Nux Iuglans. Cap. xxxiij.

Nßbaum heißt auff Lateiniſche Spraach Iuglans, auff Griechiſch κάρυον βασι-λικόν, das iſt / Nux regia. Er wirdt auch genandt Nux Perſica von den Perſis / von welchen er erſtlich iſt herkommen. *Ital. Noce. Gall. Des noix. Hiſpan. Nuezes.* Den Grie-chiſchen Namen Caryon hat er bekommen / dieweil er Hauptflüß machet den jenigen / ſo dieses Baums als Lebensbaum auch die Zukunft des Kindes symbolisieren. Außer als Heilmittel wurden frische Blätter und grüne Fruchtschalen im Haushalt zum Färben eingesetzt. Es entstanden grün-gelbe bis braune Farbtöne. Das war besonders wichtig in Zeiten, in denen man wegen der hellen Naturfarbe des Leinens und der meisten Wolle auf das Färben angewiesen war, um die Kleidung unempfindlicher zu machen. Die grünen Schalen eigneten sich auch bei langer Einwirkungszeit als Haarfärbemittel und Beize. Wenn man die grünen Nussschalen längere Zeit in Öl einlegte, schützte das dunkelbraune Öl vor Sonnenbrand und Stechmücken. Wegen seiner schönen warmen Brauntöne ist das Holz heute unser wertvollstes Nutzholz.

Hasel- wie Walnüsse gehören außerdem zum weihnachtlichen Brauchtum. Wer kennt nicht die bunt bemalte Figur des Nussknackers, der bereitwillig jede Nuss knackt? Zu besonderer Ehre gelangen versilberte oder vergoldete Nüsse als Baumschmuck.

RECHTE SEITE
Weinmann,
Eigentliche
Darstellung,
1735

*b. Nux Juglans, Noyer, Welsche Nüß, Briene.*
*a. Nux Avellana Americana sive Ben magnum purgatrix.*
*c. Nux Juglans fructu maximo, Körbel Nüsse Wall Nüsse.*

H.

# Birke {*Betula*}

Die Birke hieß im Althochdeutschen *bircha*. Volkstümlich hat sie je nach Gegend verschiedene Namen: *Silberbirke* wegen ihrer glänzenden Rinde; *Hängebirke*, da die Zweige älterer Bäume wie bei der Trauerweide herabhängen, oder auch *Warzenbirke*, weil die Borke alter Bäume oft warzenartige Verdickungen aufweist.

## Standorte und biologische Merkmale der Birke

Als große Teile Mitteleuropas gegen Ende der letzten Kaltzeit um 11.000 v. Chr. von baumloser Tundra bedeckt waren, verbreiteten sich dort die anspruchslosen Birken und Kiefern als erste Bäume. Heute wächst dieser genügsame, schlanke Baum, der auch mit den ärmsten Böden zurechtkommt, in Mittel- und Nordeuropa bis nach Sibirien.

Häufig findet man ihn dort, wo andere Bäume noch nicht Fuß fassen; in Kahlschlägen und Windbrüchen, auf Schutt- und Geröllhalden kann er mit seinen tief reichenden und verzweigten Wurzeln genügend Nährstoffe aus dem Erdreich ziehen. Wie schwer der Überlebenskampf manchmal ist, verrät dann sein krummer Stamm. Mit einer Lebensspanne von 100 bis 120 Jahren zählt er zu den kurzlebigen Bäumen.

In der Jugend erkennt man ihn an seiner weiß schimmernden Rinde mit den dunklen Querbändern, die im Alter zu einer dicken, schwärzlich tiefrissigen Borke wird. Die Birke blüht, bevor sie Laub austreibt. Mehrere männliche Kätzchen, die wie die weiblichen schon im Vorjahr zu sehen sind, hängen vorne an rutenförmigen Trieben. Die kleineren weiblichen Kätzchen stehen aufrecht an der Spitze der Triebe. Später hängen sie walzenförmig herab; aus ihnen lösen sich die geflügelten Samennüsschen, während die leere Spindel zurückbleibt. Die fast dreieckigen Birkenblätter sind zunächst zart und zu ihrem Schutz harzig klebrig.

MITTELGROSSER BAUM MIT SCHLANKEM, OFT KRUMMEM STAMM UND KEGELFÖRMIGER KRONE / BIS 25 M HOCH / TIEF GEHENDE UND VERZWEIGTE WURZELN.

RECHTE SEITE
**Die Holzmaserung der Birke**

## Geschichten und Brauchtum rund um die Birke

In einem finnischen Märchen geht ein armer Mann in den Wald, um Brennholz zu holen. Als er gerade die Axt in eine schlanke und schöne Birke schlagen will, fleht diese um Schonung, weil sie noch so jung sei, und verspricht, ihm Holz zu verschaffen. Zu Hause angekommen findet er einen Holzstoß, der für den langen Winter reicht. Das weckt die Habgier seiner Frau. Sie schickt ihn mit immer neuen Wünschen zu seiner Feenbirke. Zuletzt aber packt sie die Angst, Diebe könnten ihr den zuvor erhaltenen Sack mit Gold stehlen, so sehr, dass sie verlangt, in ein Ungeheuer verwandelt zu werden, das alle abschreckt. Als der arme Ehemann von der Birke zurückkehrt, sieht er eine zottige Bärin von der Hütte weg in den Wald trotten. Er, der allzu Gehorsame, folgt – auch er jetzt im struppigen Pelz.

Es wundert nicht, dass die Birke ein viel besungener Frühlingsbaum ist, ist sie doch die erste, an der nach langen dunklen Wintermonaten in der Frühlingssonne neue Blätter sprießen, die neues Leben symbolisieren. Deshalb begegnet uns der Birkenzweig wie die Zweige von Eberesche und Hasel im Brauchtum häufig als »Lebensrute«. Diese »Lebensrute« verlieh dem mit ihr Berührten oder Geschlagenen, ob Mensch oder Tier, Gesundheit und Fruchtbarkeit, befreite von Ungeziefer und schützte vor Hexen und Blitzen. In Bayern trieb man die Tiere im Mai mit Birkenzweigen auf die Sommerweide. In Mecklenburg glaubte man seine Haustiere vor Ungeziefer, das oft als angehext galt, zu schützen, wenn man sie mit Birkenreisern, die man während der Christmette geschnitten hatte, auf den Rücken schlug. In Hessen kehrte man, um Menschen vor Flöhen zu bewahren, die Stube mit Birkenreisig, das vor Sonnenaufgang an Petri Kettenfeier (1. August) gesammelt sein musste. Im Böhmerwald befreite man sich von Warzen, indem man ein Birkenreis vergrub; während das Reis verfaulte, sollte auch die Warze verschwinden. In der Mark Brandenburg verjagte man die Ratten aus dem Haus, indem man während des Glockenläutens mit einer Birkenrute an alle Türen schlug und rief: *Auf, auf, zur Kirche!* Zum Schutz vor Hexen hängte man in vielen Gegenden in der Walpurgisnacht (1. Mai) Birkenzweige an Tür und Tor. Man erklärte den Schutz damit, dass die Hexen die Blätter der Büschel zählen müssten. Da sie offenbar darin keine Meister waren, wurde es Tag darüber; dann aber hatten sie keine Macht mehr. Ein Rest dieses alten Brauchtums ist das mit Bändern geschmückte Maibäumchen, das die Burschen in manchen Gegenden Deutschlands in der Nacht

RECHTE SEITE
**Burgsdorf,
Holz-Arten,
1790**

Tab.13.

zum 1. Mai dem geliebten Mädchen vor Fenster oder Tür stellen. Die Birkenrute war auch so etwas wie das Standessymbol der Lehrer, oft genug ihr »schlagendstes Argument«. Es mussten aber unbedingt Birkenruten sein; bei der Verwendung eines anderen Holzes, so hieß es, laufe man Gefahr, dass die Kinder schlecht gerieten. Adam Lonitzer nannte in seinem *Kreuterbuch* von 1577 bei der Birke nur die genannte »Heilwirkung«: *Ist auch noch heut zu tag in grosser ehr, dann sie die böse und ungehorsame kinder und jugent strafft. Daher mann dann im Teutschen reimen sagt: O du gute Bircken rut, du machst die ungehorsame Kinder gut.* Ganz anders dachte schon Walther von der Vogelweide zu Beginn des 13. Jahrhunderts: *Niemant kann mit gerten Kindes zuht beherten* (Kinder erziehen).

## Die Birke als Heilmittel und ihre praktische Nutzung

Im Mittelalter stand die Birke als Heilpflanze in hohem Ansehen. Hildegard von Bingen (1098–1179) nennt sie das *Glück* und rühmt die Heilkraft der Blätter bei verschiedenen Hautkrankheiten von eitrigen Wunden bis zu Furunkeln. Knospen, Blätter, Rinde und Saft wurden auch in der Volksheilkunde gegen die verschiedensten Beschwerden eingesetzt. Besonders in den nordischen Ländern wurde seit alters her der Saft, den man im Frühjahr dem Birkenstamm leicht abzapfen kann, als vitaminreicher Trank geschätzt. Ein norwegisches Sprichwort drückt die belebende Wirkung so aus: *Um Walpurgis fährt der Saft in die Birken und der Teufel in die Weiber.*

Hieronymus Bock bestätigt in seinem *Kreuterbuch* von 1551, dass der Saft im 16. Jahrhundert getrunken wurde: *Unter allen beumen ist kaum einer, der den safft im Frühling so bald und überflüssig an sich ziehe, als eben der Birkenbaum. Solchen süssen saft pflegen die dürstigen hirten in den wäldern zu drincken und hab mich selbs vilmal darmit erlabet.* Zur gleichen Zeit nannte der Arzt Pietro Mattioli die Birke *Nierenbaum*, da ihm die harntreibende Wirkung des Safts und des Tees aus den Blättern charakteristisch erschien. Gegen Haarausfall und Schuppen rieb man den Saft, der heute unter dem Namen Birkenwasser vermarktet wird, in die Kopfhaut ein. Vor allem in den nordischen Ländern, wo die Birke aufgrund der klimatischen Verhältnisse besonders häufig anzutreffen war, nutzte der Mensch seit der Jungsteinzeit die gesamte Birke, also Blätter, Rinde, Bast, Holz und Wurzeln. Sehr früh gewannen Kelten und Germanen *Birkenteer* aus der Rinde. Vor allem Holzboote, aber auch hölzerne Bottiche ließen sich damit wasserfest machen. Mit dem hart werdenden Pech und mit Bast befestigte man Feuersteinspitzen auf Pfeil und Speer. Die leicht abzuziehende, glatte Rinde der Birke hat offensichtlich früh Menschen angeregt, Worte und Sprüche, die über den Tag und das übliche menschliche Erinnern hinaus Beachtung und Geltung finden sollten, festzuhalten. Plinius der Ältere († 79 n. Chr.) erwähnt z.B., der zweite römische König Numa Pompilius habe seine gesetzlichen Vorschriften, die vor allem den Kult betrafen, auf Birkenrinde geschrieben. Unter den Trümmern der von den Taliban 2001 gesprengten Buddha-Statuen in Afghanistan fanden Forscher unter anderem ein Stück Birkenrinde mit indischen Schriftzeichen, das wohl aus der Mitte des 6. Jahrhunderts stammt.

Noch im 16. Jahrhundert gab es bei uns auf Birkenrinde geschriebene Texte, wie wir von Hieronymus Bock erfahren: *Der Birkenbaum ist vor zeiten in grosser würde gewesen, darumb das man auff die weissen Rinden des selben baums etwan geschrieben, ehe dann die lumpen zum Papyr erfunden seind worden, wie ich danselbs zu Chur im Schweitzerland etlich Carmina Vergilii* (Gedichte Vergils) *auf weisse Birkenrinden geschrieben gesehen und gelesen hab.*

Die Rinde wurde für vieles verwendet: Der mittlerweile weit bekannte Mann aus dem Eis, der Ötzi, hatte z.B. ein Birkenrindenkörbchen bei sich, das die kostbaren glimmfähigen Holzspäne vor Feuchtigkeit schützen sollte.

Spiralig gedrehte Birkenrindenstreifen, die man zusätzlich mit Öl getränkt hatte und die wegen des eingelagerten Teers auch feucht brannten, waren in der dunklen Zeit des Winters über Jahrhunderte hinweg als Fackeln unentbehrlich. Die besonders geschmeidige Rinde von jungen Birken verarbeitete man wie Leder zu Schuhen, Taschen, Umhängen. Das Holz der Birke war vor allem wichtiges Brennmaterial und hatte den Vorzug, auch feucht gut zu brennen. Aus dem elastischen, leichten und trotzdem zähen Holz entstanden viele Geräte des täglichen Gebrauchs wie Holzschuhe, Schüsseln, Löffel, Leitern, Deichseln und Wagenfelgen. Bis man in der Biedermeierzeit auch im deutschen Raum den warmen, gelben Holzton der Birke schätzen lernte, war es fast ausschließlich das Möbelholz der Nordeuropäer. Besen aus Birkenreisern galten als nahezu unverwüstlich, wenn das Reisig in den zwölf heiligen Nächten, den Nächten zwischen Weihnachten und dem Dreikönigsfest, geschnitten worden war. Für uns heute erklärt sich die Haltbarkeit eher aus der völligen Winterruhe der Bäume.

# Erle, Schwarzerle {*Alnus glutinosa*}

Ihren heutigen Namen erkennt man bereits im althochdeutschen *erla*. Wegen ihrer fast schwarzen Borke heißt sie manchmal *Schwarzerle*, wegen der Rotfärbung ihres Holzes mitunter *Roterle*. Im Plattdeutschen nannte man sie *Aller* oder *Eller*, nur im Märchen kommt der früher gebräuchliche Name *Else* noch vereinzelt vor.

## Standorte und biologische Merkmale der Erle

In fast ganz Europa, außer im hohen Norden, findet man die schlanken, lichtliebenden Erlen – selbst dort, wo es den meisten anderen Laubbäumen zu feucht ist. Noch im Mittelalter wuchsen ausgedehnte Erlenwälder in der norddeutschen Tiefebene, von denen es jetzt nur noch Restbestände gibt. Besonders häufig wachsen Erlen an Bächen und Flussufern, auch in den feuchten, teilweise morastigen Au- und Bruchwäldern, so genannten Erlenbrüchen, die man wegen des großen Ausschlagvermögens der Erle aus dem Stock so nennt. Um einen festen Halt zu finden, verankert sich die häufig mehrstämmige Erle in weichem Boden mit seitlich in das Erdreich gehenden, sehr anpassungsfähigen Wurzeln; in verfestigten oder steinigen Boden dringt sie dagegen mit einer Pfahlwurzel ein. Fast gleichzeitig mit der Haselnuss blüht die Erle, bevor sie Laub treibt.

Bereits im Sommer des Vorjahres sind die Kätzchen des kommenden Frühjahrs deutlich zu sehen. Zur Blütezeit hängen die gelblich-braunen männlichen Kätzchen herunter. Die viel kleineren weiblichen, aufrecht stehenden, eiförmigen Zäpfchen sind zunächst klebrig und grün und verholzen im Lauf des Sommers. Die dann schwarzen Zapfen öffnen sich meist erst im Winter, und die kleinen, schwimmfähigen Samen fallen heraus.

Zu ihrem Schutz sind die jungen rundlichen Erlenblätter klebriger als bei anderen früh treibenden Bäumen. Im Mittelalter verwendete man die jungen Triebe deshalb als Leimrute – ein Vorläufer des

Fliegenfängers – gegen unliebsame Insekten in Haus und Stall und breitete sie unter den Betten als Flohfänger aus.

### Geschichten und Brauchtum rund um Erle

Um die Erlen rankten sich Sagen von unheimlichen, bedrohlichen Mächten der Geisterwelt. Germanische Mythen kannten schon die im Mondlicht mit Schleiern tanzenden Elfen. Die gedrehte und häufig gebogene Form der in Gruppen stehenden Erlen regte die Fantasie an, wuchs der Baum doch oft in unwegsamem Gelände, im Erlenbruch und heimtückischen Moor, verächtlich *Unland* genannt, wo in germanischer Zeit Verbrecher und Menschenopfer versenkt wurden, wo die Toten wohnten und wo mancher Waghalsige spurlos verschwand. In Mecklenburg sagte man von einem Verstorbenen: *Hei is bie'n leiwen Herrgott in't Ellernbrauk.* (Er ist beim Lieben Gott im Erlenbruch.) Diese unheimliche Stimmung drückt das Gedicht *Der Knabe im Moor* von Annette von Droste-Hülshoff (1787–1848) aus:

> *O, schaurig ist's übers Moor zu gehen,*
> *wenn es wimmelt vom Heiderauche,*
> *sich wie Phantome die Dünste drehn …*

Ganz in dieses Bild passt das »Bluten« des Baumes, also die Tatsache, dass sich die Schnittfläche sofort nach dem Fällen orange bis rötlich färbt. Es regte seit dem Altertum zu Grusel- und Schauergeschichten an, weil man glaubte, dass es das Blut von einem im Baum lebenden Wesen sei. Mancherorts gibt es die drastische Deutung, der Teufel habe seine Großmutter mit einem Erlenholz geschlagen, bis sie blutete. Heute wissen wir, dass die Rotfärbung durch Einwirkung von Sauerstoff entsteht.

Im Erlenbruch war das Reich des Erlkönigs, der in manchen Sagen Elfenkönig genannt wird, und seiner Töchter. Wer nicht auf ihre Versprechungen und Verlockungen hörte, musste sterben, wie Johann Wolfgang von Goethe (1749–1832) im *Erlkönig* schreibt:

RECHTE SEITE
Burgsdorf,
Holz-Arten,
1790

> *… »Mein Sohn, was birgst du so bang dein Gesicht?«*
> *»Siehst, Vater, du den Erlkönig nicht?*
> *Den Erlenkönig mit Kron und Schweif?« –*
> *»Mein Sohn, es ist ein Nebelstreif.« …*

Bei den Erlen lockte auch die *Else*, das *Erlenweib*, ein Wesen mit Haut und Haar aus schuppiger Rinde und zerzausten Flechten, den Wanderer vom Wege ab.

*Betula alnus.*

*gemeine Eller.*

In einer Südtiroler Sage sah ein Bursche zufällig, wie Hexen eine alte Gefährtin zerstückelten und kochten, bis sich alles Fleisch von den Knochen gelöst hatte – eine bei Hexen übliche Form der Verjüngung. Als sie den Leib wieder zusammensetzen wollten, fehlte eine Rippe. Die hatte der waghalsige Bursche an sich genommen. Die Hexen ersetzten sie durch einen Erlenzweig, erweckten die Tote zu neuem Leben in jugendlicher Schönheit, warnten sie aber, dass ihr Leben verwirkt sei, falls jemand sie jemals Erlenhexe nenne. Als sie am folgenden Tag zufällig den Burschen traf und ihn durch Zauber für sich gewinnen wollte, schimpfte der sie eine Erlenhexe. Sofort fiel sie tot um.

Ausnahmsweise als freundlicher Helfer erscheint der Erlen- und Elfenkönig in einer niederrheinischen Sage: Frühmorgens vor Sonnenaufgang war ein junges Mädchen in den Erlenbruch hinausgegangen, um Futter für die Kuh zu holen. Als ihr die Laubbürde zu schwer war, um sie auf den Kopf zu heben, stand plötzlich ein Mann von sonderbarer Gestalt mit lichtumstrahltem Haupt neben ihr, hob ihr die Last, die plötzlich leicht wie eine Feder war, auf den Kopf und verschwand. Die Wange aber, die er leicht berührt hatte, brannte noch tagelang wie Feuer. Alte Leute sagten ihr, das sei der Elfenkönig aus dem Erlengrund gewesen.

Nach altfränkischem Recht, das in der *Lex Salica* aufgezeichnet ist, zerbrach man über dem Kopf eines Verurteilten einen Erlenzweig in Stücke und warf diese in die vier Himmelsrichtungen. Damit war der Betroffene aus der Sippe und Gemeinschaft ausgestoßen. Unser Ausdruck *den Stab über jemanden brechen* geht wohl darauf zurück.

## Die Erle als Heilmittel und ihre praktische Nutzung

Als Heilmittel war die Erle unbedeutend. Hildegard von Bingen (1098–1179) nannte sie *die Nutzlosigkeit,* denn sie tauge kaum als Heilpflanze. Nur bei Geschwüren brächten junge Blätter Linderung. Auch die Volksheilkunde kannte nur wenige Anwendungen, z.B. trug man einen Sud der gerbstoffreichen Rinde auf eitrige Wunden und bei Hautausschlag auf; zum Abstillen wurden die grünen Blätter auf die Brust gelegt. Auch wenn die Schwarzerle wie Weide und Pappel zu den Weichhölzern zählt, ist ihr Holz bei Bauten im Wasser fast unbegrenzt haltbar. Alt-Amsterdam und große Teile Venedigs stehen, wie es heißt, nicht nur auf Eichen-, sondern auch auf eingerammten Erlenstämmen.

Erlenholz wurde früher sehr vielfältig eingesetzt. In dem Buch *Handwerke und Künste* von 1773 liest man: *In der Baukunst* verwendet man

*Erlen* zu Grundpfählen und zu Röhren der Wasserleitungen ..., denn sie stockt nicht, wenn sie beständig im Wasser stehet, aber wol, wenn sie bald naß bald trocken lieget. Der Drechsler verbraucht sie zu gewöhnlichen Drechslerwaaren, weil sie sich leicht und glatt abdrehen lässet, und der Stellmacher in dünnen Brettern zur Vertäfelung der Kasten einer Kutsche und anderer ähnlicher Wagen. Die hiesigen Stuhlmacher verfertigen gewöhnlich ihre Stühle aus Elsenholz, und der Muldenhauer die Mulden, Backtröge u.d.g.

Die Schwarzerle zählte seit alters her zu den Färbebäumen. Aus den Blüten wurde grüne, aus den Zweigen braune Farbe für Stoffe gewonnen und aus der Borke schwarzer Farbstoff zur Lederfärbung. Borkenstücke und rostiges Eisen legte man zu diesem Zweck lange Zeit in Wasser. Wie stark die Färbekraft ist, sieht man an stehenden Gewässern, die sich allein durch die ins Wasser fallenden Blätter dunkel färben. Obwohl dieser Baum tiefgrundige, nährstoffreiche Böden bevorzugt, wird er heute erfolgreich als raschwüchsiger Pionierbaum bei der Kultivierung unfruchtbarer Böden, z.B. von Kohlenhalden, mit Erfolg eingesetzt. Wegen einer Reihe seiner Eigenschaften nimmt auch das Interesse der Holzwirtschaft an ihm heute zu, und die Erle wird deshalb vermehrt gepflanzt.

# Weide {*Salix*}

Im althochdeutschen *wida*, erst recht im mittelhochdeutschen *wide* erkennt man mühelos den heutigen Namen. In manchen Gegenden Bayerns heißt sie jetzt noch *Wiede*.

## Arten, Standorte und biologische Merkmale der Weide

Die Weide ist ein äußerst artenreicher Baum oder Strauch. Allein in Mitteleuropa sind rund 30 Weidenarten heimisch. Häufig stehen verschiedene Arten in dichten Beständen zusammen. Da es leicht zu Kreuzungen unter ihnen kommt, lassen sie sich oft nur schwer voneinander abgrenzen. Hier soll nur kurz auf die bei uns am weitesten verbreiteten Arten mit ihren jeweiligen Besonderheiten eingegangen werden: Die *Bruch-* oder *Knackweide* verdankt ihre Namen dem auffallend leichten Brechen junger Zweige mit knackendem Geräusch; die *Silber-* oder *Weißweide* wird wegen ihren intensiv silbrig-weißen Blättern so genannt; *die Korb-* oder *Hanfweide* heißt so, weil früher ihre langen jungen Ruten zum Binden und Flechten von Körben genutzt wurden. Durch das regelmäßige Abschneiden der jungen Zweige verdickte sich der Stamm oben kopfartig – das gab ihr auch den Namen *Kopfweide.* Die *Salweide* mit ihren samtartigen, silbrigen Kätzchen war bei vielen Frühlingsbräuchen unverzichtbar. Die *Trauerweide* wird bei uns nur wegen ihrer Form als Ziergehölz gepflanzt.

Wenn auch die einzelnen Weidenarten sich teilweise stark unterscheiden, haben sie wesentliche Merkmale gemeinsam. Als genügsame Bäume oder Sträucher, die aber zum Gedeihen feuchten Untergrund oder nahe Gewässer benötigen, wachsen sie häufig dort, wo außer Erlen und Pappeln kaum andere Baumarten gedeihen: in Überschwemmungsgebieten der Flüsse und in Auwäldern. Häufig bilden sie auch an Bächen, Seen und Flüssen mit ihren pfahlartig ins Erdreich dringenden Wurzeln eine willkommene Uferbefestigung. Nur die Salweide macht, was ihren Standort betrifft, eine Aus-

STRAUCH ODER KLEINER BAUM, WENIGE ARTEN WERDEN ZU STATTLICHEN BÄUMEN: SILBERWEIDE BIS 24 M HOCH; BRUCHWEIDE BIS 15 M HOCH / TIEF GEHENDE, WEITLÄUFIGE WURZELN.

RECHTE SEITE
Die Holzmaserung der Weide

nahme, denn man findet sie auch auf trockenem und sogar sandigem Boden, an Waldrändern und in Steinbrüchen. Während fast alle Weiden als Baum oder Strauch nur zu mittlerer Größe heranwachsen, wird die Silberweide zu einem stattlichen Baum, der häufig mit Pappeln die Uferlandschaft großer Flüsse prägt und alle anderen Weidenarten mit einem Alter von 200 Jahren übertrifft. Alle Weiden sind Kätzchenblüher, sie haben also silbrige, gelbaufblühende männliche und grünliche weibliche Kätzchen, die sich beim Aufblühen strecken. Sie wachsen aber auf verschiedenen Bäumen oder Sträuchern. An den früh blühenden Weidenkätzchen finden die Bienen reichliche Nahrung an Pollen und Nektar. Fast alle Weiden haben recht schmale, längliche Blätter. Die Weidensamen werden im Sommer bei den meisten Arten in unzähligen weißen Flocken vom Wind verbreitet. Es sieht dann aus, als läge noch Schnee unter den Bäumen. An der anfänglich glatten, grünlichen, mit einer zarten Netzzeichnung überzogenen Rinde, die im Alter zu grober, sehr tieffrissiger Borke wird, kann man die Weiden leicht erkennen.

RECHTE SEITE Burgsdorf, Holz-Arten, 1790

## Geschichten und Brauchtum rund um die Weide

Im Altertum galt die Weide als unfruchtbarer und unfruchtbar machender Baum, weil man irrtümlich glaubte, sie pflanze sich nur ungeschlechtlich durch Stecklinge fort. Plinius († 79 n. Chr.) erklärte das mit dem Abfallen des Samens vor der Reife. Man wusste nicht, dass die Weiden als zweihäusige Pflanzen die männlichen Kätzchen naturgegeben unbefruchtet abwerfen. Hinzu kommt die Tatsache, dass der Samen überwiegend taub, also nicht keimfähig ist. Deshalb galt Weidensamen auch als Mittel, Frauen unfruchtbar zu machen.
Durch den Kirchenlehrer Albertus Magnus († 1280) wissen wir, dass man zu seiner Zeit glaubte, auch die Männer verlören durch einen Teeaufguss mit Weidensamen ihre sexuelle Lust.
Die Autoren vieler Kräuterbücher der Frühen Neuzeit sind noch von dieser Wirkung überzeugt. So schreibt z.B. Leonhart Fuchs 1543 in seinem *Kreuterbuch*: *Die bletter gesotten und getruncken, vertreiben den lust und neygung zur unkeüscheyt.* Im Volksglauben und -brauch überwog aber die Meinung von der Weide als gutem, hilfreichem Baum. Nach einer flandrischen Legende schützte eine hohle Weide Maria und ihr Kind auf der Flucht nach Ägypten vor den Soldaten des Herodes. Am Palmsonntag werden Sträuße, die in Süddeutschland vor allem aus den Zweigen der Salweide mit ihren silbriggrauen,

*Salix fragilis.*

*Die Knackweide.*

samtenen Blütenkätzchen bestehen und mit Bändern geschmückt sind, feierlich in der Kirche geweiht, bei der Palmprozession mitgeführt und zu Hause sorgfältig aufbewahrt. Frühere Generationen schrieben ihnen große Kraft zu. Wenn ein Gewitter heraufzog, warf man einige Zweige ins Herdfeuer, das aber nicht lichterloh brennen, sondern nur glimmen durfte. So glaubte man Haus und Hof vor Blitz geschützt. An die vier Ecken eines Kornfeldes steckte man jeweils ein Reis, um Hagel und anderen Schaden abzuwenden. Auch vor Krankheit bewahrten sie angeblich: Wer drei der geweihten Kätzchen verschluckte, war das ganze Jahr frei von Halsweh und Fieber.

Es gibt viele Beispiele aus verschiedenen deutschen Landschaften und angrenzenden Ländern für das Bannen von Krankheiten in eine Weide. Wer unter Hautflechte litt, sollte z.B. morgens vor Sonnenaufgang zu einer Weide gehen, die kranke Stelle mit einem Weidenreis dreimal kreuzweise bestreichen und dabei sprechen:

*Die Flechte und die Weide, /*
*die liegen im Streite, /*
*die Weide gewinnt /*
*und die Flechte verschwind'.*

Gleichzeitig musste in einen Weidenzweig am Baum ein Knoten geschlungen werden; damit war dann die Krankheit in den Baum gebannt.

## Die Weide als Heilmittel und ihre praktische Nutzung
Die Weide gehörte zu den »heilenden« Bäumen. Schon der griechische Arzt Hippokrates (460–377 v. Chr.) kannte die entzündungshemmende, schmerzstillende und fiebersenkende Wirkung der Rinde. Plinius († 79 n. Chr.) erwähnt ausdrücklich ihre heilende Wirkung bei Hautkrankheiten.

Auch wenn im Mittelalter und darüber hinaus vielfach magische Praktiken beim Heilen eine Rolle spielten, wurden Krankheiten auch ganz ohne Magie mit Mitteln aus der Weide behandelt. Leonhart Fuchs und Adam Lonitzer geben in ihren Kräuterbüchern aus dem 16. Jahrhundert Heilmittel aus Rinde, Rindensaft und Blättern an; als Aufguss mit anderen Zusätzen, pulverisiert und als Asche empfahlen sie diese zur Schmerzlinderung bei Gicht und Wehen, zur Wundheilung, bei dem so genannten Wilden Feuer, einer Hauterkrankung, bei der sich die befallenen Stellen stark röten und brennen, zum Blutstillen, gegen Steine, Warzen und Hühneraugen sowie zur Austreibung einer Totgeburt. Die offensichtlich seit langem bekannte fiebersenkende Wirkung der Weidenrinde, die den Grundstoff des Medikaments Aspirin enthält, wurde seit dem 17. Jahrhundert vermehrt statt der teuer importierten Chinarinde gegen Malaria genutzt. Man nannte sie auch *die europäische Fieberrinde.* Als die Chemiker dann um 1800 in der Lage waren, Salicin aus der Rinde zu isolieren, konnte man ganz auf das teure Chinin verzichten. 100 Jahre später stellten sie den Wirkstoff synthetisch her; damit verlor die Weide ihre Bedeutung.

Wir kennen Weidenflechtwerk nur noch von groben Körben. Früher aber stieß man in jedem Haushalt und in fast allen Berufen auf Gegenstände aus Weidenruten. Um sie zu gewinnen, wurden bis zur Mitte des vergangenen Jahrhunderts alle zwei bis drei Jahre die Ruten von Korb- und Silberweiden direkt am oberen, verdickten Stamm abgeschnitten. Ihr Aussehen regte zu folgenden Sprichwörtern an, die man vor allem im übertragenen Sinn verstand: *Je mehr man die Weidenköppe behawet, je mehr Sprößlinge schlagen heraus.* Ein anderes stellte fest: *Alte Weiden haben dicke Köpfe.* Ungeschält dienten die langen Ruten als Bindemittel in Haus und Hof, überall dort, wo es etwas zu binden galt. Dies wird im Seufzer eines armen Bauern deutlich:

*Horcht mir nur ein wenig zu!*
*Mit Wyden bind ich meine Schuh.*
*Kein Frucht hab ich schier in der Scheuer,*
*Und muss doch geben meine Steuer.*

Um die Ruten nach dem Schneiden bis zur Verwendung geschmeidig zu halten, wässerte man sie in einem Trog. Geschält oder ungeschält flocht man Körbe, Reusen, Betten und Möbel aus ihnen. Der Winzer band seine Reben damit, und auch der Küfer verwendete statt teurer Bandeisen oft Weidenruten. Bis ins 20. Jahrhundert waren die Reifen der Heringsfässer fast ausschließlich aus Weidenruten.

Beim Fachwerkbau wurden die Fächer mit Flechtwerk, allerdings nicht nur aus Weiden, gefüllt, bevor man sie von beiden Seiten mit einem Lehm-Stroh-Gemisch verputzte.

# Pappel {*Populus*}

Der heutige Name Pappel geht auf das griechische *papelein* (»bewegen«) zurück.

### Arten, Standorte und biologische Merkmale der Pappel
Die Pappeln sind fast so artenreich wie die Weiden, mit denen sie nahe verwandt sind. Sie können zu stattlichen Bäumen von mehr als 30 Metern Höhe heranwachsen und mehrere hundert Jahre alt werden. Hier sollen nur die drei Arten genannt werden, die bei uns am häufigsten vorkommen, die *Zitterpappel,* die *Silberpappel* und die *Schwarzpappel.* Am längsten, wahrscheinlich schon seit der Steinzeit, ist die Zitterpappel, früher *Aspe* oder *Espe* genannt, bei uns heimisch. Schon der geringste Windhauch bewegt ihre rundlichen, langgestielten Blätter. Daher kommt die Redewendung *zittern wie Espenlaub.* Fast so beweglich wie bei der Espe sind die sehr verschieden geformten, meist gelappten Blätter der Silberpappel, die ihren Namen von der silberfarbenen, filzigen Unterseite der Blätter hat. Früher wurde sie in der Pfalz und in manchen Gegenden Süddeutschlands *Bellen* genannt. Eine Erklärung für den Namen findet sich nicht.

Erst im Mittelalter wurde die Schwarzpappel mit ihrem weit nach unten beasteten Stamm, ihren beinahe senkrecht nach oben ragenden Ästen und ihren fast dreieckigen, glänzenden Blättern bei uns heimisch. Ihren Namen verdankt sie der fast schwarzen, tief gefurchten Borke. Wie die Weiden bevorzugen die schnellwüchsigen Pappeln feuchte Niederungen, Auwälder und die Ufer der Flüsse. Die Zitter- und Silberpappeln wachsen auch, anders als die Schwarzpappeln, auf trockenem und felsigem Untergrund.

Wie bei den Weiden blühen die männlichen und weiblichen Kätzchen auf verschiedenen Bäumen; sie werden vom Wind bestäubt, der auch später die weißwolligen Kapselfrüchte wie Schnee im weitem Umkreis auf dem Boden verteilt.

MITTELGROSSER BIS GROSSER BAUM MIT KRÄFTIGEM STAMM UND UMFANGREICHER KRONE; NUR SCHWARZPAPPEL / PYRAMIDENPAPPEL MIT FAST SENKRECHTEN ÄSTEN / BIS 30 M HOCH / VORWIEGEND FLACHE WURZELN.

RECHTE SEITE
**Die Holzmaserung der Pappel**

## Geschichten und Brauchtum rund um die Pappel

Die griechische Mythologie kannte eine Reihe von Nymphen und Menschen, welche die Götter in Bäume verwandelten oder die aus eigener Kraft, zu ihrem Schutz oder aus Trauer, deren Gestalt annahmen, wie z.B. in der folgenden Erzählung:

Drei jugendliche Nymphen, die sich der Zudringlichkeit mächtiger Götter nicht erwehren konnten, verwandelten sich in ihrer Verzweiflung in Bäume; eine von ihnen namens Leuce hoffte, indem sie die Gestalt der Silberpappel annahm, dem hässlichen, hinkenden Hades, dem Gott der Unterwelt, zu entkommen. Aber da der Herr des Totenreiches nie etwas ganz aufgab, wuchs sie am Eingang zum Tartarus, am Fluss des Vergessens. Zu ihrem Trost durfte sie von dort in das jenseits des Stromes liegende Gefilde der Glückseligen schauen.

In ihrem Gram um den toten Phaeton verwandelten sich seine Schwestern nach langer Trauer an seinem Grab in Pappeln. Zeus hatte den übermütigen Sohn des Sonnengottes Helios, als er durch seine verwegene Fahrt mit dem Sonnenwagen die Welt in Brand gesetzt hatte, durch einen Blitz aus dem Wagen geschleudert, um Himmel und Erde vor dem Untergang zu bewahren.

Im Mittelalter und der Neuzeit sind solche Verwandlungen nur in Hexen- und Teufelsgeschichten zu finden. Dagegen gab es zahlreiche Legenden und Sagen, in denen Pflanzen menschliche Züge zeigten. So erfahren wir in einer flandrischen Legende, warum die Espe stets zittert: Es habe sie so tief erschüttert, dass das Kreuz, an das Christus geschlagen wurde, aus ihrem Holz gezimmert war, dass sie bis zum Jüngsten Tag zittern müsse.

In einem volkstümlichen, magischen Brauch sollte die Espe ihr Zittern auf einen Dieb übertragen. Um sein Eigentum wiederzuerlangen, bohrte der Bestohlene ein Loch in eine Pappel, legte ein Verzeichnis des Diebesgutes hinein und verpflockte das Loch. Ab sofort werde den Räuber, so glaubte man, ein so unerträgliches Zittern befallen, dass er bereitwillig alles zurückbringe.

RECHTE SEITE
**Burgsdorf,
Holz-Arten,
1790**

## Die Pappel als Heilmittel und ihre praktische Nutzung

Seit dem Altertum kannte und nutzte man Rinde und Blätter der Pappel gegen Gicht, rheumatische Beschwerden und allgemein gegen Schmerzen. Dabei spielten wie bei der Weide Gerbstoffe und Salicin als entzündungshemmende und schmerzstillende Wirkstoffe eine entscheidende Rolle. Den Wirkstoff Propolis, den Bienen von den harzhaltigen Pappelknospen sammeln und mit

*Populus nigra.*
*Die Pappel.*

ihrem Wachs mischen, verwendeten schon die alten Ägypter beim
Einbalsamieren, wahrscheinlich kannten sie ihn auch in der Heilkunde. Griechen und Römern setzten Propolis als Heilmittel gegen
verschiedene Hautkrankheiten ein. Dieses Wissen um den Wirkstoff im Wachs ist offensichtlich im Mittelalter verloren gegangen.
Denn damals stellte man nur aus den harzhaltigen Knospen selbst
Salben her, deren Anwendung zu den volkstümlichsten Heilmitteln
überhaupt bei juckenden Hautausschlägen, Wunden und Verbrennungen zählte.

Hildegard von Bingen (1098–1179), die ein Rezept zur Pappelsalben-
herstellung angibt, geht noch einen Schritt weiter und schreibt, diese
Salbe könne bei sämtlichen Leiden, die mit Schmerzen verbunden
seien, Linderung und Hilfe bringen. Heute hat die Pharmaindustrie
den Wirkstoff Propolis wiederentdeckt und bietet ihn bei verschiedenen Krankheiten an; innerlich angewendet, soll er das Immun-
system insgesamt stärken.

Von einer eher unbedeutenden Nutzung im Alltag, mehr einem
netten Zeitvertreib, spricht der Dichter Adelbert von Chamisso
(1781–1838): *Wenn man im Frühling die abgefallenen männlichen Kätzchen und Knospen sammelt, sie zerstampft, in siedendem Wasser aus-
wäscht und auspresst, so erhält man eine grüne, weiche, wachsähnliche
Masse, aus welcher man Kerzen machen kann, die beim Brennen einen
lieblichen Geruch verbreiten.*

Die Pappel war als Nutzholz nicht besonders begehrt, denn es taugte
wenig als Bau- und Möbelholz und auch der Heizwert war gering.
Da es aber leicht ist, kaum splittert und sich gut bearbeiten lässt,
wurden preiswerte Holzschuhe zum täglichen Gebrauch daraus hergestellt. Noch heute sind jedem die holländischen »Klompen«
bekannt.

Dagegen war die Pappel wichtig, wenn man Land trockenlegen
wollte. Aus diesem Grund pflanzen die Holländer seit Jahrhunderten bei der Neulandgewinnung Pappeln. Als gegen Ende des 18. Jahrhunderts die Pappel zu einer Art Modebaum wurde, warnte J. Kaspar
Bundschuh vor den Folgen: Die Pappel sei ein Baum, der für die
Tiere keine Nahrung bringe, aber andere, langsamer wachsende
Bäume, wie z.B. die Linde, als Bienenweide verdränge. Der Konkur-
rent der anderen nützlichen Bäume war vor allem die Pyramidenpappel, eine Abart der Schwarzpappel, die aber viel robuster und
unempfindlich gegenüber Trockenheit ist. Mit ihren fast senkrecht
hoch wachsenden Ästen und ihrer langen schlanken Krone ähnelt
sie der Zypresse. Napoleon ließ sie entlang seiner Heerstraßen quer

durch Europa pflanzen – im Sommer als Schattenbaum, im Winter als Wegmarkierung. Obwohl sie sich eigentlich wegen ihrer Sturmanfälligkeit nicht sonderlich als Alleebaum eignet, trug dies wesentlich zu ihrer Verbreitung bei. Friedrich Rückert (1788–1866) lässt seinem Unmut über diese Pappelalleen freien Lauf:

*Da stehn sie am Weg nun*
*Die langen Müßiggänger,*
*Und haben weiter nichts zu tun*
*Und werden immer länger.*
*Da stehn sie mit dem steifen Hals,*
*die ungeschlachten Pappeln,*

*Und wissen nichts zu machen als*
*Mit ihren Blättern zappeln.*
*Sie tragen nicht, sie schatten nicht*
*Und rauben wo wir wallen,*
*Uns nur der Landschaft Angesicht*
*Wem könnten sie gefallen?*

Heute findet die Pappel bei den Holz verarbeitenden Betrieben stärkere Beachtung. Unter den einheimischen Sorten wird das glatte Holz der Schwarzpappel am meisten geschätzt. Hauptsächlich verwendet man Pappelholz für Faserplatten, Sperrholz, Obstkisten, Spanschachteln und Streichhölzern.
Da für die Papier- und Zelluloseherstellung die Bedeutung der Pappel, die schon in wenigen Jahren große Mengen Holz liefert, wächst, entstehen heute wie einst bei der Fichte Pappel-Monokulturen.

# Edelkastanie, Esskastanie {*Castanea sativa*}

Unser Name Kastanie ist vom lateinischen *castanea* abgeleitet. Je nach Landschaft heißt sie auch *Keste* oder *Marone*. Der Name Marone kommt aus dem Italienischen und ist die Bezeichnung für die Kastanie und den Farbton Dunkelbraun.

Bis vor etwa 200 Jahren sprach man bei uns noch von der *zahmen* Kastanie, wenn man die Marone, und von der *wilden*, wenn man die Rosskastanie meinte. Beide Bäume sind jedoch nicht miteinander verwandt, nur ihre Früchte ähneln sich.

## Standorte und biologische Merkmale der Edelkastanie

Die Edelkastanie ist ein Baum des Südens, der Mittelmeerraum ist ihr natürliches Verbreitungsgebiet. Von dort wanderte sie aber früh nach Norden. Wahrscheinlich haben die Griechen, als sie rund um das Mittelmeer Handelsstädte besaßen, auf ihren Schiffen Kastanien in ihre südfranzösische Siedlung Massilia, heute Marseille, gebracht. Von dort gelangte sie in die Alpenregion. Kastanien und Weinstöcke führten die Römer nördlich der Alpen in den wärmeren Gegenden ihres Herrschaftsbereiches ein. Kaiser Karl der Große war vom Nutzen der Esskastanie so überzeugt, dass er um 800 anordnete, Kesten auf den königlichen Gütern zu pflanzen. Heute finden wir sie bei uns überall dort, wo auch Wein angebaut wird. Am besten gedeihen Kastanien auf nährstoffreichen Böden in wärmeren Gegenden. Dort wächst sie in lichten Laubmischwäldern oder als stattlicher Einzelbaum. Sie hat häufig einen drehwüchsigen Stamm mit tief ansetzenden Ästen und einer breit ausladenden Krone. Zwar ist sie im Verhältnis zur Eiche schnellwüchsig, kann aber wie diese sehr alt werden und dann einen Stammdurchmesser von mehreren Metern erreichen. Sie zählt damit zu den dicksten Bäumen unseres Kontinents. Am Fuß des Ätna soll bis vor 150 Jahren eine Kastanie mit einem Umfang von 60 Metern gestanden haben. Ihre Sturmfestigkeit verdankt sie ihren tief ins Erdreich dringenden

MITTELGROSSER BAUM, DREHWÜCHSIGER STAMM MIT TIEF ANSETZENDEN ÄSTEN / BREITE KRONE / 20 BIS 30 M HOCH / TIEF GEHENDE PFAHLWURZEL UND KRÄFTIGE SEITENWURZELN.

RECHTE SEITE
Die Holzmaserung der Esskastanie

Pfahl- und Seitenwurzeln. Die anfangs glatte olivgrüne Rinde zeigt später die für den Baum typischen netzartigen, grauen Längsleisten. Ihre harten, glänzenden, länglichen Blätter sind stachelig gezähnt und verraten noch, dass sie an die Lebensbedingungen unter südlicher Sonne angepasst waren. Am schon belaubten Baum leuchten gelbe Büschel mit langen, perlenförmigen männlichen Staubkätzchen, an deren Basis kugelförmig die weiblichen Blütenknäuel sitzen. Unzählige Insekten befruchten sie. Im Herbst fallen die stacheligen Fruchtbecher auf den Boden und platzen auf. Sichtbar werden zwei bis drei braun glänzende, spitz zulaufende Maronen.

RECHTE SEITE
Fuchs,
Kreüterbuch,
1543

## Geschichten rund um die Edelkastanie

Weder im Brauchtum noch in Sagen und Märchen hat die Kastanie Spuren hinterlassen. Geläufig ist das Sprichwort *Für jemanden die Kastanien aus dem Feuer holen*. Es geht auf die Fabel *Der Affe und die Katze* von Jean de La Fontaine (1621–1695) zurück: Die beiden Tiere lebten beim selben Herrn und trieben gemeinsam allerlei Schabernack auf Kosten anderer. Eines Tages jedoch stiftete der Affe, vom Duft röstender Kastanien angelockt, die Katze an, einige aus der Glut zu holen, und bemerkte dabei, nur sie könne das meisterlich. Die Katze, die sich geschmeichelt fühlte, fischte Stück für Stück mit der Pfote aus den glühenden Kohlen. In ihrem Eifer bemerkte sie nicht, dass der Affe währenddessen eine nach der anderen fraß. Im 18. Jahrhundert war die Fabel so bekannt, dass Goethe schrieb: *Behandelst mich, dass ich wie jene Katze / Dir die Kastanien aus den Gluten kratze.*

## Die Edelkastanie als Heilmittel und ihre praktische Nutzung

Hildegard von Bingen (1098–1179), die in einer Kastaniengegend lebte, fand an der Keste nur Gutes, sagte ihr große Kraft nach und nannte sie ein Symbol der Weisheit. Bei den verschiedensten Gebrechen wusste sie ein Kastanienmittel. Besonders einprägsam ist folgendes: Ein Mensch, dessen Gehirn ausgetrocknet und leer sei und daher nichts mehr leisten könne, solle Kastanien ohne jeden Zusatz in Wasser kochen und die Brühe am Morgen nüchtern und nach den Mahlzeiten trinken. Dadurch wachse mit der Zeit sein Hirn wieder zu gesunder Größe und auch seine Kopfschmerzen vergingen. Ganz anders als die Nonne fanden die Heilkundigen des 16. Jahrhunderts bei der Keste wenig Positives. Leonhart Fuchs warnte ausdrücklich vor rohem Genuss, denn er führe zu Kopfschmerz und Verstopfung. Sein Zeitgenosse Adam Lonitzer bekräftigte diese negative Wirkung und fügte hinzu, auch

**CASTANEA**    Kesten.

wenn man sie koche oder röste, führe sie nicht nur zu Verstopfung, sondern *bringe sterbliche kranckheit, so mann der vil ißt.* Er prophezeite den »Rohessern« außerdem, dass sie *gewinnen vil leuß am Leib und kleidern.* Nur für Leute mit Sodbrennen und Harndruck konnte er ein aus Kastanien hergestelltes Mittel empfehlen. Der Medicus Fuchs hielt die Brühe in Wasser gekochter, ungeschälter Kastanien für ein Mittel gegen Durchfall, Ruhr und Blutspeien, offensichtlich wegen der stopfenden Wirkung. Auch gegen Husten und zur Heilung der Bisswunden wütender Hunde hatte er ein Kastanienrezept. Bei der Fülle der heilenden Anwendungen und Wirkungen, welche die Autoren anderen Bäumen nachsagten, ist das nicht gerade viel. Pietro Mattioli, Zeitgenosse Fuchs', empfahl allen, die ihre sexuelle Lust und Potenz erhöhen wollten, Kastanien zu rösten und mit Pfeffer und Salz zu bestreuen. Deren Genuss mache *geil und unkeusch.*
Wer Kastanien ernten wollte, durfte nicht kurzfristig denken. Pflanzte sie der Vater, konnten die Kinder bei der Hochzeit, falls sie es nicht zu eilig damit hatten, nicht nur unter der Kastanie tanzen, sondern auch die ersten Früchte ernten. Im dichten Bestand muss man sich ein bis zwei Jahrzehnte länger gedulden.

RECHTE SEITE
Weinmann,
Eigentliche
Darstellung,
1735

In warmen Gegenden, in denen die Kastanienfrüchte reif wurden, diente sie als Nahrungsmittel. Da man sie rösten, kochen und dünsten kann, ist sie abwechslungsreich zu genießen. Mancherorts wurde sie auch zu Mehl verarbeitet. Bei einem Stärkeanteil von 42 Prozent ist ihr Nährwert dem des Getreides gleichzusetzen. So wurde auch Brot daraus gebacken und ein nahrhafter Brei gekocht. In Landschaften, in denen der Getreideanbau kaum möglich war und nur geringen Ertrag brachte, die Kastanie aber gut gedieh, wie in vielen Schweizer Tälern, waren die Kesten oft eine unentbehrliche Nahrungsquelle. Dort galt dann vor allem der aufmunternde Satz: *Die Kinder werden den Vater segnen, dem sie den Baum verdanken, der ihnen Brotfrucht verschafft.*
Als im Verlauf des 18. Jahrhunderts die Kartoffel sich immer mehr durchsetzte, verlor die Kastanie an Bedeutung. Wenn es bei der Kastanie nicht um die Früchte ging, weil diese an dem entsprechenden Standort ohnehin nicht reif wurden, sondern ums Holz, sei es als Brenn- oder Nutzholz, konnte man den Baum alle 10 bis 30 Jahre »auf den Stock setzen«. Der Ausdruck besagt, dass man den bestehenden Baum aus Altersgründen oder weil man sein Holz verwenden wollte, über dem Boden absägte. Der Stock treibt an den Seiten des Baumstumpfes mit mehreren Schösslingen wieder aus. So sparte sich der Eigentümer die Arbeit des Neupflanzens.

a. *Castanea Sativa, Maronnier, Castanien*.
b. *Castanea vulgaris, Chateignier, gemeine Castanien*.

# Ahornblättrige Platane {*Platanus hispanica*}

## Standorte und biologische Merkmale der Platane

Unsere heutige *Ahornblättrige Platane* wird häufig als eine Kreuzung oder Mischform zwischen der *Amerikanischen* und der *Morgenländischen Platane* angesehen, weil sie Merkmale beider Arten enthält. Ihre gelappten Blätter haben mehr Ähnlichkeit mit denen der *Morgenländischen Platane*, sind jedoch tiefer eingebuchtet. Deshalb wird sie von anderen Biologen als eine Abart der Morgenländischen Platane angesehen. Im Altertum wuchs die Platane fast nur in Griechenland und Kleinasien, von wo aus sie nach Italien und Frankreich gelangte.

Im 16. Jahrhundert kannte man die Platane in Deutschland nur vom Hörensagen, jedoch noch nicht aus eigener Anschauung. So hielt Adam Lonitzer in seinem bekannten *Kreuterbuch* von 1577 den Feldahorn für eine Platanenart. Die handförmigen, spitz zulaufenden Platanenblätter ähneln auch tatsächlich denen des Ahorns. Dank ihrer Eigenschaften, sich problemlos verpflanzen und von städtischen Gärtnern geduldig verstümmeln zu lassen, sowie wegen ihrer Widerstandsfähigkeit gegenüber Luftverschmutzung ist sie zum häufigsten Großstadtbaum in Parks und Alleen geworden. Ohne Eingriff des Menschen wird sie zu einem großen Baum mit geradem Stamm und breiter, stark ästiger Krone. Sie verankert sich mit tief gehenden und weit ausladenden Wurzeln fest im Erdreich und kann mehrere hundert Jahre alt werden. Die gelb-grüne Rinde wandelt sich früh in bräunlich-grüne Borke, die dann in unregelmäßigen, dünnen, handtellergroßen Stücken abblättert. So entsteht das unverwechselbare scheckige Aussehen des Stammes. Dieses dauernde Abplatzen der äußeren Schichten, ähnlich wie beim Bergahorn, hat ihr den Namen *Kleiderbaum* eingebracht.

Die männlichen Blüten hängen in grünlichen, die weiblichen in größeren, karminroten Kugeln jeweils zu mehreren am selben Baum. Sie werden vom Wind bestäubt.

MITTELGROSSER BIS GROSSER BAUM MIT GERADEM STAMM / WEIT AUSLADENDE KRONE / BIS 30 M HOCH / TIEF GEHENDE UND WEIT REICHENDE WURZELN.

RECHTE SEITE
Die Holzmaserung
der Platane

Die borstigen Nüsschen bleiben als dicke Kugeln an langen Stielen oft bis zum Vorfrühling am Baum hängen.

Seit einigen Jahren sieht man an der Platane schon im Sommer vertrocknete Blätter. Diese Krankheit wird durch einen Pilz hervorgerufen.

**Geschichten rund um die Platane** In vielen antiken Erzählungen von Göttern und Menschen kommt die Platane vor, wie z.B. in der folgenden: Leichtfertig ging ein Satyr, der bocksbeinige Marsyas, mit Apoll, dem strahlenden Gott der Kunst und Musik, einen Wettstreit ein und stimmte unbesonnen zu, dass der Sieger nach Gutdünken mit dem Verlierer verfahren dürfe. Wie hätte er aber mit seiner Hirtenflöte gegenüber Apolls Lyraspiel bestehen können? Unter einer Platane, die unbeschadet immer wieder ihre Rinde abwirft, zog Apoll gnadenlos dem arglosen Satyr bei lebendigem Leib die Haut ab, weil er sich angemaßt hatte, sich mit ihm zu messen.

Eine andere Göttersage erzählt von einem amourösen Abenteuer des Göttervaters Zeus bei einer alten, ausgehöhlten Platane: Zeus hatte sich in die schöne Europa, die Tochter des Königs von Tyrus und Sidon, verliebt. Als sie sich mit ihren Gespielinnen am Meeresufer vergnügte, erschien er in der Gestalt eines zahmen, mächtigen Stiers und entführte die Ahnungslose durchs Meer bis an die Küste des fernen Kretas. Dort trat er, wieder verwandelt, in jugendlicher Schönheit aus einer riesengroßen, hohlen Platane hervor. Es kam, wie es kommen musste. Europa gebar ihm schließlich drei Söhne; Minos, der sagenhafte König von Kreta, war einer von ihnen.

Im Mittelmeerraum muss es im Altertum eine ganze Reihe uralter Platanen gegeben haben. So berichtete etwa ein römischer Statthalter aus seiner kleinasiatischen Provinz Lykien, dort stehe eine riesige, im ganzen Land berühmte Platane. Sie habe einen Gipfel groß wie ein ganzer Hain; mit ihren baumstarken, weit ausladenden Ästen hülle sie eine arenagroße Fläche in angenehmen Schatten. Nicht weit von ihrem Stamm sprudele auch noch eine wunderbar kühle Quelle. Diese Platane, und das sei das Beeindruckendste, habe eine Aushöhlung, die so groß wie eine Wohnung sei. Man fühle sich darin wie in einer von Nymphen bewohnten Grotte. Er habe in ihrem Inneren mit mehr als einem Dutzend Gästen getafelt und müsse zugeben, kein römischer, mit feinem Marmor und Gold verkleideter Speiseraum biete soviel feierliche Atmosphäre. Wenn er auch noch das Rauschen des Regens auf den Blättern hätte hören

RECHTE SEITE
**Weinmann,
Eigentliche
Darstellung,**
1735

a. Acer fo = liis verrucosis.
b. Acer fo = liis Platani. Leinbaum
c. Acer montanum Crispum.

dürfen, wäre sein Glück vollkommen gewesen. Wenn sich der Leser wundert, dass bei der Platane weder von einer Verwendung als Heilmittel noch als Nutzholz in früheren Zeiten die Rede ist, so sei er an Plinius verwiesen, dem wir auch den Bericht des angeberischen Statthalters verdanken: *Jeder wird wohl ungläubig den Kopf schütteln, wenn man ihm sagt, dieser Baum sei ausschließlich wegen seines wunderbaren Schattens nach Italien gebracht worden.*

Diese Ansicht war in der Antike weit verbreitet, wie sich auch in der folgenden Äsopfabel zeigt: Einige Wanderer sahen sich in der brütenden Mittagshitze nach einem schattigen Fleck um. Da entdeckten sie eine Platane. Während sie genüsslich in ihrem kühlen Schatten ruhten, schauten sie hoch in den Baum und sprachen zueinander: »Dieser Baum taugt zu gar nichts, er bietet dem Menschen nicht den geringsten Nutzen.« Da erwiderte ihnen die Platane beleidigt: »Ihr Rüpel, ihr genießt meinen Schatten und schimpft mich nutzlos!«

RECHTE SEITE
Weinmann,
Eigentliche
Darstellung,
1735
a. Ahorn
b. Platane

a

b

a. *Acer montanum Can-*
*didum, Opier,* Maßholder.
b. *Acer seu Platanus, Syco-*
*more,* Ahornbaum.

# Rosskastanie {*Aesculus hippocastanum*}

Der Name der Rosskastanie wird mit folgender Geschichte erklärt: Ein kaiserlicher Gesandter sah den ihm unbekannten Baum erstmals in der Türkei, wo man Pferde mit seinen Früchten fütterte. Er brachte Samen mit nach Wien; dort zog man dann 1576 in den kaiserlichen Gärten die ersten Kastanien. Wegen der Ähnlichkeit mit den Früchten der Edelkastanie hatte sie bald den Namen Rosskastanie. Eine zweite Namenserklärung sei noch erwähnt: Jeder Blattstiel, der sich im Herbst von den Zweigen und Ästen löst, hinterlässt in der Rinde eine Narbe, die einem Hufeisen ähnelt. Im Volksmund nannte man sie bei uns bald *Sau- oder Rosskeste* – auch hier in Anlehnung an die Esskastanie –, aber auch *Bitterkastanie*, weil der Bitterstoff *Aescin*, der in der unbehandelten Frucht enthalten ist, sie für den Menschen ungenießbar, ja giftig macht.

## Standorte und biologische Merkmale der Rosskastanie

Vor der letzten Kaltzeit war die Kastanie schon einmal in ganz Europa verbreitet. Während der Kälteperiode jedoch behauptete sie sich nur noch auf dem wärmeren Balkan und in der Türkei. Von Wien aus wurde die Rosskastanie dann erneut innerhalb eines halben Jahrhunderts in ganz Mittel- und Osteuropa heimisch. Man pflanzte sie als beliebten Park- und Alleebaum, aber auch im Wald als Nutzholz. Der mittelgroße Baum mit seinem kurzen, kräftigen, deutlich drehwüchsigen Stamm, dessen zunächst glatte Rinde im Alter dünnschuppig abblättert, und den dicken Ästen, die eine ausladende Krone bilden, gilt zu Recht als schön. Geselliges Zusammensein mit Artgenossen bekommt ihm gut. Deshalb pflanzt man ihn häufig in Gruppen an. Er stellt keine hohen Ansprüche an den Boden.

Im Gegensatz zu vielen anderen Bäumen wachsen seine Wurzeln mehr in die Breite als in die Tiefe. Ins Auge fallen die großen, glänzend braunen, klebrigen Winterknospen. Aus den im Frühjahr

MITTELGROSSER BAUM MIT KURZEM, KRÄFTIGEM, DREH-WÜCHSIGEM STAMM / BREITE KRONE / BIS 20 M HOCH / IN DIE BREITE GEHENDE WURZELN.

RECHTE SEITE
Die Holzmaserung der Rosskastanie

aufbrechenden Knospen entfalten sich zartgrüne Blüten und fein
behaarte Blätter. Wie abgespreizte Finger gehen vom Blattstiel fünf
bis sieben Einzelblätter keilförmig aus und enden eiförmig mit einer
kleinen Spitze. Die auffälligen, weißen, aufrechten und bis zu 30
Zentimeter hohen Blütenkerzen bestehen aus vielen, meist zwittrigen Einzelblüten mit anfangs gelbem, später rotem Fleck. Sie
locken Bienen und Hummeln an. Eine Variante ist die Rote Rosskastanie, deren Blütenkerzen von rosa bis dunkelrot leuchten.
Im Herbst fallen die kugeligen, grün-braunen, stacheligen Kapselfrüchte zu Boden und platzen auf. Im Inneren liegen eng aneinander
meist ein bis zwei glänzend braune Samen, die Kastanien. Eich-
hörnchen und andere Nager lagern die Früchte als Wintervorrat ein.
Da sie ihre Vorräte später nicht immer finden, helfen sie mit, die
Kastanie zu verbreiten. Ähnlich wie Linde und Buche war mitunter
auch die Kastanie mit ihrem Schatten spendenden Blätterdach
geselliger Dorfmittelpunkt. Mancherorts wurde sie zum Tanzbaum.
Auf die tief gezogenen unteren Äste legte man Bohlen. Ein Beispiel
war die um 1610 im lauenburgischen Hitzacker gepflanzte Kastanie,
unter der sich bis 1890 die Tanzpaare drehten.

## Heilwirkung und praktische Nutzung der Ross-
## kastanie
Die heilende Wirkung der Rosskastanie konnte natürlich erst seit dem 17. Jahrhundert bei uns herausgefunden werden.
Sehr bald nutzte man die zusammenziehende Kraft der Kastanie, die
die Dichte der Gefäße stärkt und dadurch den Druck in den Venen
erhöht. Deshalb wurden Rinde und Früchte, teils innerlich, teils
äußerlich, bei Krampfadern, Hämorrhoiden, Durchfall und Warzen
in Form von Tees, Bädern oder Umschlägen verwendet. In manchen
Gegenden, vor allem in Süddeutschland, schwor man bei Gicht und
Rheuma sowie zur Vorbeugung dieser Leiden auf folgende, etwas
merkwürdig anmutende Anwendung: Man trug eine oder mehrere
Früchte bei sich und rieb sie immer wieder in den Händen. Wer
beim Reiten oder anderem Sport fürchtete, sich einen »Wolf zu
holen«, sich also wund zu scheuern, dem wurde ebenfalls empfohlen,
Kastanien bei sich zu tragen. Dass vergangene Generationen die
Kastanie bei verschiedensten Leiden oft zu Recht einsetzten, zeigen
die zahlreichen Medikamente mit Inhaltsstoffen der Kastanie, die
wir in Drogerien und Apotheken kaufen können und die uns die
Werbung bei Venenleiden empfiehlt.
Wie erwähnt verfütterten die Türken Kastanien an ihre Pferde,
lange bevor der Baum wieder nach Europa kam. Schon Ende des

RECHTE SEITE
Kniphof,
Botanica
in Originali,
1757

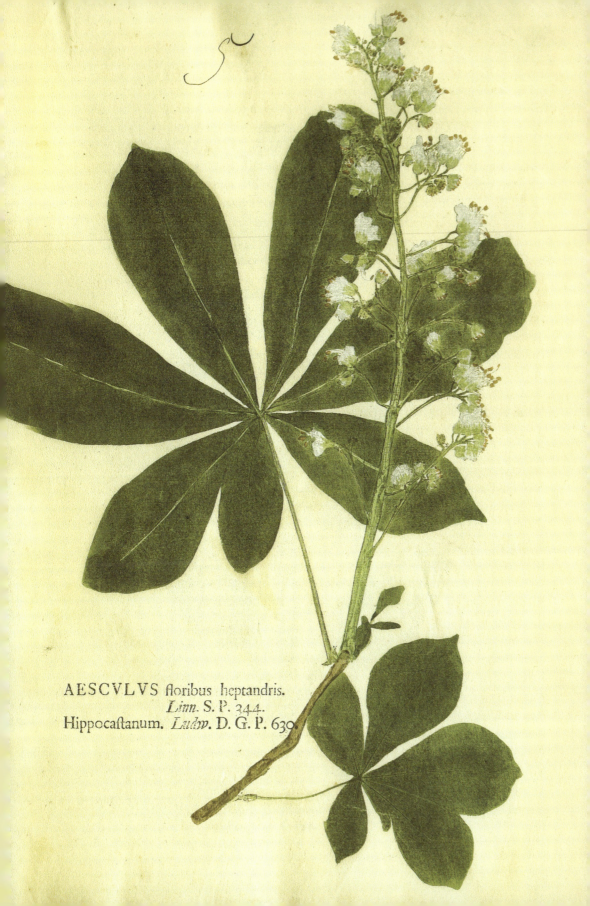

AESCVLVS floribus heptandris.
*Linn.* S. P. 344.
Hippocaftanum. *Ludw.* D. G. P. 639.

17. Jahrhunderts erhielten auch bei uns Tiere, wie Pferde, Schweine, Ziegen und Schafe, Kastanien als stärkendes Zusatzfutter, bei Kleintieren zerhackte man sie vor dem Verfüttern. Die Früchte, dienten aber auch den Menschen als Nahrung. Es war vor allem Aufgabe der Kinder, sie aufzulesen. Besonders in Notzeiten, wenn das Getreide knapp war, machte man Mehl daraus, das sich wie Getreidemehl verbacken lässt. Da man seinen Wert als sehr schmackhafte und vor allem kostenlose Bereicherung der Küche schätzen lernte, wurde es bei einfachen Leuten als Verdickungsmittel in Brei und Eintopf, aber auch für Gebäck verwendet. Das Mehl herzustellen war jedoch aufwändig, denn zunächst musste die Kastanie ihren Bitterstoff verlieren. Dazu wurden die geschälten Früchte über Nacht in Milchwasser gelegt, dann mit frischem Wasser aufgekocht und anschließend im Backofen getrocknet. Das geschah normalerweise nach dem Brotbacken im noch mäßig warmen Gemeindeofen. Erst jetzt konnten sie gemahlen werden. Manche Leute schätzten auch das aus der Frucht gepresste Öl, das sich gut zum Braten eignet und nicht entbittert werden muss.

Kastanien waren aber nicht nur Heil- und Nahrungsmittel. Unbehandelt, das heißt mit den Bitterstoffen und den Saponinen, besitzen die Kastanien eine gute Waschkraft. Doch auch dafür mussten sie zunächst geschält und gemahlen werden. In den Notjahren nach dem Zweiten Weltkrieg erinnerte sich mancher daran. Heute finden wir *Saponin* aus den Rosskastanien in vielen Schaum- und Reinigungsmitteln. Den Vorteil, dass sich mit diesem Mehl auch fettige Substanzen lösen lassen, kann man auch heute noch nutzen, um öl- oder rußverschmierte Hände zu reinigen. Man muss das Mehl nur anfeuchten und erhält so eine umweltfreundliche Reinigungspaste.

Seit alters her haben Kinder Kastanien als Spielzeug gesammelt. Kaum eine andere Frucht regt die Fantasie so an, fördert Kreativität und Geschicklichkeit und steigert damit das kindliche Selbstbewusstsein, ohne den Geldbeutel zu belasten. Als Nutzholz ist die Kastanie wegen ihres Drehwuchses kaum brauchbar, doch man fertigte kleinere Haushaltsgeräte, Schüsseln und Löffel daraus. Auch Holzschnitzer, vor allem in Südtirol, verwendeten es.

Seit etwa 1990 sieht man immer häufiger kränkelnde Kastanienbäume, deren Blätter sehr früh braun werden. Das vorzeitige Welken wird durch die Larven der Miniermotte, eines Kleinschmetterlings, verursacht. Sie frisst sich in Gängen, *Minen*, durch die Blätter. Bisher gibt es bei uns keine natürlichen Feinde und kein unbedenkliches Pflanzenschutzmittel, das Abhilfe schaffen könnte.

RECHTE SEITE
Weinmann,
Eigentliche
Darstellung,
1735

*Castanea equina, Chateignier amaire,*
Roß-Castanien.

# Ginkgo *{Ginkgo biloba}*

Die Chinesen nennen den Baum *Gin-Kyo,* (»Silberaprikose«). Der bei uns geläufige Beiname Biloba weist auf die Zweilappigkeit der Blätter hin. In China hat er noch weitere Namen. Einer der ältesten ist *Entenbaum* wegen einer gewissen Ähnlichkeit des Blattes mit einem Entenfuß. Weil der Baum erst nach 30 bis 40 Jahren erstmals Früchte trägt, heißt er dort auch *Großvater-Enkel-Baum,* da ihn der Großvater anbauen muss, damit der Enkel seine Früchte ernten kann.

**Standorte und biologische Merkmale des Ginkgos** Durch Fossilienfunde weiß man, dass der Ginkgo schon im Erdmittelalter, also vor etwa 180 Millionen Jahren, als artenreiche Gattung wuchs. Der heutige Ginkgo ist die einzige überlebende Art und hat sich in seinem Aussehen seit damals nicht verändert. Als lebendes Fossil hat er sich in einem relativ kleinen Gebiet im Südosten Chinas, der Provinz Tschekiang, behauptet. Von dort ist er vor mindestens anderthalb Jahrtausenden nach Japan gekommen. Hier entdeckte 1690 der deutsche Arzt und Botaniker Engelbert Kämpfer diesen einzigartigen Baum, der in keine der bekannten Pflanzenfamilien, nicht einmal in eine der üblichen Ordnungen eingegliedert werden kann. Kämpfer war aufgefallen, dass der Ginkgo sich nur in der Nähe von Tempelanlagen fand. Er folgerte daraus, dass er mehrere Jahrtausende als geschützter heiliger Baum überlebt habe.

Seit 1730 gibt es den Methusalem der Bäume , der bis zu ein Jahrtausend überdauern kann, in Europa. Zunächst wurde er von den Flamen in den botanischen Gärten der belgischen Städte Utrecht und Leiden gepflanzt. Dort kann man deshalb auch die ältesten europäischen Exemplare bestaunen. Johann Wolfgang von Goethe hat mit seinem Gedicht *Ginkgo Biloba* im *West-Östlichen Diwan* entscheidend zur Beliebtheit des Baumes beigetragen. In diesem

IN DER JUGEND HOCH GESCHOSSENER, SCHLANKER BAUM, IM ALTER SEHR UMFANGREICH / BIS 40 M HOCH / IN DIE TIEFE, WENIGER IN DIE BREITE GEHENDE WURZELN.

RECHTE SEITE
**Die Holzmaserung des Ginkgos**

Liebesgedicht drückt er das Außergewöhnliche, auch Symbolhafte
des Baums aus:

*Dieses Baumes Blatt, der von Osten*
*Meinem Garten anvertraut,*
*Gibt geheimen Sinn zu kosten,*
*Wie's den Wissenden erbaut.*

*Ist es ein lebendig Wesen,*
*Das sich in sich selbst getrennt?*
*Sind es zwei, die sich erlesen,*
*Dass man sie als eines kennt?*

*Solche Fragen zu erwidern,*
*Fand ich wohl den rechten Sinn:*
*Fühlst du nicht an meinen Liedern,*
*Dass ich eins und doppelt bin?*

RECHTE SEITE
P. F. de Siebold,
Flora Japonica,
1870

Heute findet man den Ginkgo in ganz Europa in Parkanlagen und
Alleen. Er ist winterhart und stellt nur geringe Ansprüche an den
Nährstoffgehalt des Bodens. Dabei gibt es in Deutschland bei seiner
Wertschätzung offensichtlich ein starkes Gefälle von Ost nach West.
In sächsischen und thüringischen Städten prägt der gegen Krankheiten, Insektenbefall und verschmutzte Luft resistente Ginkgo oft
das Stadtbild. In Dresden gibt es ganze Ginkgo-Alleen. In Berlin
sollen 3000 von ihnen wachsen, während man im Westen eher zufällig auf den Entenbaum stößt.
Aus dem in der Jugend hoch geschossenen, schlanken Baum mit
wenigen, aber kräftigen Seitenästen wird im Alter ein sehr umfangreicher, oft mehrere Meter dicker Veteran. Die noch glatte Rinde der
jungen Bäume zeigt ein netzartiges Muster, das bei der grau-braunen
Borke tiefer gefurcht ist.
Etwas Besonderes sind die fächerförmig eingeschlitzten Blätter mit
dem unregelmäßigen Blattrand. Sie haben keine Mittelrippe wie
sonst alle Laubbaumblätter und sehen aus, als wären grüne Nadeln
aneinander gewachsen.
Ein Baum trägt nur männliche oder weibliche Blüten. An den überhängenden grünen kätzchenförmigen Blüten erkennt man den
männlichen Baum, den weiblichen an den Samenanlagen, die wie
grünliche kleine Knospen an langen Stielen hängen. Trotz seiner
Blätter ist er näher mit den Nadelbäumen als mit den Laubbäumen
verwandt, denn auch seine Samenanlage ist nicht von einem Fruchtknoten umschlossen.

Tab. 156.

II

I

III

1 2

7

3 4 5 6 8 9

Die mirabellengroßen, äußeren Samenschalen sind goldgelb und riechen unangenehm nach ranziger Butter bzw. Schweißfüßen. Darunter schützt eine weitere holzige Schale den schmackhaften Samen, der in Japan als geröstete Knabberei beliebt ist. Die weiblichen Bäume erfreuen sich wegen des unangenehmen Geruchs weit geringerer Beliebtheit als die männlichen Bäume. Da der Ginkgo erst nach etwa 40 Jahren Samen bildet, weiß man auch dann erst genau, ob es in Zukunft im Herbst in seiner Umgebung übel riecht.

## Geschichten und Brauchtum rund um den Ginkgo

Vor allem in Japan stand und steht der Ginkgo in hohem Ansehen, was sich in vielen Volkserzählungen widerspiegelt. Man pflanzte ihn besonders gern in Tempelanlagen und in die Nähe der Wohnhäuser, weil man glaubte, er schütze vor Blitz und Unwetter. Er galt aber nicht nur als Schutzbaum, sondern erfüllte wie eine gute Fee Wünsche.

Japan ist reich an alten, riesigen Ginkgos. Manchmal treiben an ausgedehnten Seitenästen ohne äußere Einwirkung Zusatzknospen, die als kropfförmige Wucherungen immer länger herabhängen. Weil diese Gebilde, allerdings nur anfangs, der weiblichen Brust ähneln, nennt man sie *Tschitschi* (»Brust« oder »Zitze«). Zu einem solchen Baum pilgerten Frauen und erflehten sich nicht nur Kindersegen, sondern auch reichliche Muttermilch. Der Zustrom zu einem solchen alten Pilgerbaum wird von folgender Sage genährt: Vor langer Zeit habe eine Tante des Kaisers als Amme seine Kinder gestillt. Als sie in hohem Alter hoch angesehen starb, wünschte sie, dass man einen Ginkgo auf ihr Grab pflanze. Nach vielen Jahren trieb der Baum Brustknospen aus, wurde ein begehrter Wallfahrtsort, und man nannte ihn nach der verstorbenen Prinzessin *Ammenbaum*. Dass der Ginkgo zäh ist und schlimmste Schicksalsschläge übersteht, bewies er am Ende des Zweiten Weltkrieges. Als in Hiroshima am 6. August 1945 die erste Atombombe fiel, in einem Umkreis von mehreren Kilometern alles zerstörte und auf einen Schlag das Leben von 80.000 Menschen auslöschte, traf es auch – scheinbar lächerlich, es zu erwähnen – einen Ginkgo in einer Tempelanlage 1000 Meter von der Einschlagstelle entfernt. Ein Rest des Stammes mit verkohlter Rinde ragte noch aus den Trümmern. Im nächsten Frühjahr sah man junge Triebe an ihm. Heute ist er wieder ein großer Baum, wenn auch von Narben gezeichnet. Den Japanern wurde er zum Hoffnungszeichen, zum Symbol ihres Überlebenswillens nach der grausamen Katastrophe.

### Der Ginkgo als Heilmittel und seine praktische Nutzung

Buddhistische Mönche, in deren Tempelanlagen Ginkgobäume standen, kauten schon vor 1000 Jahren seine Blätter, weil sie herausgefunden hatten, dass sie dadurch konzentrierter und geistig wacher blieben. Auch heute werden Ginkgoprodukte als Mittel, um das Gehirn leistungsfähig zu erhalten, gepriesen und angewandt. In der Chinesischen Medizin werden ein Sud aus den Samen und Teeaufgüsse aus den Blättern gegen Asthma, schleimigen Husten, Bluthochdruck und Ohrensausen eingesetzt.

Vor etwa 50 Jahren entdeckte ein deutsches Forscherteam, dass sich aus Ginkgoblättern durchblutungsfördernde Mittel herstellen lassen. Auf dieser Grundlage entwickelte Medikamente decken heute einen großen Teil des Bedarfs an Blutverdünnungsmitteln.

# GLOSSAR

## Bastarde

Kreuzungen, die bei der Bestäubung zweier verschiedener Arten derselben Gattung entstehen (Weiden).

## Blattformen

*einfaches Blatt*

*gelapptes Blatt*

*gefingertes Blatt*

*gefiedertes Blatt*

## Blüte

besteht im Wesentlichen aus dem männlichem Teil, den Staubgefäßen mit dem Blütenstaub (Pollen), und dem weiblichen Teil, der Samenanlage, die vom Fruchtknoten umschlossen wird.

*zwittrig:* männliche und weibliche Teile sind in einer Blüte vereint (Linde).

*getrennt geschlechtlich:* männliche und weibliche Blüten befinden sich in verschiedenen Blüten.

*einhäusig:* männliche und weibliche Blüten wachsen auf derselben Pflanze (Hasel).

*zweihäusig:* männliche und weibliche Blüten wachsen auf verschiedenen Pflanzen (Weide).

## Blütenformen

[a] *Kätzchen* (Hasel)
[b] *Dolde* (Eberesche)
[c] *Rispe* (Rosskastanie)
[d] *Köpfchen* (Weide)

[a]     [b]     [c]     [d]

## Stamm

Der Stamm besteht aus
*Kernholz* oder *Herzholz*, der
Hauptstütze des Baumes;
*Splintholz*, der Wasserleitung des
Baumes;
*Kambium,* dem eigentlich
wachsenden Teil des Stammes,
der nach innen neues Holz
(Jahresring) und nach außen
neuen Bast bildet;
*innerer Rinde* oder *Bast*, der Ver-
sorgungsleitung des Baumes; sie
stirbt nach relativ kurzer Zeit ab
und verwandelt sich in den Kork
der äußeren Rinde;
*dem äußeren Schutzmantel* des
Baumes, der beim jungen Baum
glatt ist und Rinde genannt
wird, beim älteren Baum rissig
wird und dann Borke heißt.

*Querschnitt
durch den Stamm*

## Stockausschlag/ Stockloden

Die meisten Laubbäume
können, wenn auch
unterschiedlich stark, aus dem
nach dem Fällen im Boden
bleibenden Baumende, dem
Stock, ausschlagen, aber auch
seitlich vom Stock und aus dem
Wurzelstock austreiben.

## Wurzelformen

*Pfahlwurzeln:* senkrecht in
tiefere Bodenschichten ein-
dringende Hauptwurzeln,
während die Seitenwurzeln
schwach ausgebildet sind.
*Herzwurzeln:* schräg nach unten
dringende Wurzeln, während
die Hauptwurzel schwach ausgebildet ist.
*Flachwurzeln:* breiten sich in den
oberen Bodenschichten teller-
förmig aus.

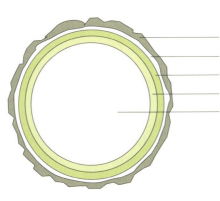

Äußere Rinde, Borke
Innere Rinde, Bast
Bildungsgewebe, Kambium
Splintholz
Kernholz, Herzholz

# SEHENSWERTE ALTE BÄUME IN DEUTSCHLAND

## Baden-Württemberg

*Schinderwasenbuche bei Suppingen*
Alb-Donau-Kreis
Alter ca. 200–250 Jahre
Stammumfang ca.7,5 m

*Schlosskastanie in Weiler*
Kreis Heilbronn
Alter ca. 300–500 Jahre
Stammumfang ca. 7 m

*Eiche vom Emmertshof*
Hohenlohekreis
Alter ca. 400–600 Jahre
Stammumfang ca. 11 m

*Ahorn an der Straße
Bergatreute, Bad Wurzach*
Kreis Ravensburg
Alter ca. 200 Jahre
Stammumfang ca. 5 m

*Esche bei Boll*
Kreis Sigmaringen
Alter ca. 200–300 Jahre
Stammumfang ca. 7 m

*Esche am Schloss Solitude*
Stadtkreis Stuttgart
Alter ca. 200–250 Jahre
Stammumfang ca. 6 m

## Bayern

*Tradeahorn bei Ramsau*
Kreis Berchtesgadener Land
Alter ca. 250–350 Jahre
Stammumfang ca. 6 m

*Silberpappel an der Kirche in
Lauterbach*
Kreis Dachau
Alter ca. 150–200 Jahre
Stammumfang ca. 6 m

*Bavariabuche bei Pondorf*
Kreis Eichstätt
Alter ca. 250–400 Jahre
Stammumfang ca. 9 m

*Großer Ahorn bei Wamberg*
Kreis Garmisch-
Partenkirchen
Alter ca. 400–650 Jahre
Stammumfang ca. 9 m

*Sankt-Wolfgangseiche bei
Schloss Haus*
Kreis Regensburg
Alter ca. 500–700 Jahre
Stammumfang ca. 9 m

*Tassilolinde bei Wessobrunn*
Kreis Weilheim-Schongau
Alter 700–1000 Jahre
Stammumfang ca. 13,5 m

## Brandenburg

*Alte Ulme in Ladeburg*
Kreis Barnim
Alter ca. 400–600 Jahre
Stammumfang ca. 8,5 m

*Dicke Eiche bei Krügersdorf*
Kreis Oder-Spree
Alter ca. 400–650 Jahre
Stammumfang ca. 10,5 m

*Alte Ulme in Gülitz*
Kreis Prignitz

Alter ca. 400–700 Jahre
Stammumfang ca. 10 m

## Hamburg

*Ahorn im Hamburger Hirschpark*
Hansestadt Hamburg
Alter ca. 200–230 Jahre
Stammumfang ca. 5,5 m

## Hessen

*Tausendjährige Grabeiche in
Nöbdenitz*
Kreis Altenburger Land
Alter ca. 600–1000 Jahre
Stammumfang ca. 11 m

*Gerichtseiche am Junkernkopf*
Kreis Kassel
Alter ca. 600–1000 Jahre
Stammumfang ca. 9 m

*Weide in Kirchhain*
Kreis Marburg-Biedenkopf
Alter ca. 150–200 Jahre
Stammumfang ca. 8 m

*Tanzlinde in Himmelsberg*
Kreis Marburg-Biedenkopf
Alter ca. 400–700 Jahre
Stammumfang ca. 9 m

*Erle bei Schlitz*
Vogelsbergkreis
Alter: ca. 150–200 Jahre
Stammumfang: ca. 4,5 m

## Mecklenburg-Vorpommern

*Kirchhofslinde in Alt Polchow*
Kreis Güstrow
Alter ca. 700–1000 Jahre
Stammumfang ca. 14,5 m

## Niedersachsen

*Riesenlinde zu Heede*
Kreis Emsland
Alter ca. 600–1000 Jahre
Stammumfang ca. 16,5 m

*Grenzahorn im Düsterer Tal*
Kreis Goslar
Alter ca. 300–400 Jahre
Stammumfang ca. 6 m

*Kaiser-Lothar-Linde in Königslutter*
Kreis Helmstedt
Alter ca. 600–900 Jahre
Stammumfang ca. 12,5 m

*Riesenkastanie in Hitzacker*
Kreis Lüchow-Dannenberg
Alter ca. 300 Jahre
Stammumfang ca. 4,5 m

*Süntelbuche bei Gremsheim*
Kreis Northeim
Alter ca. 250–400 Jahre
Stammumfang ca. 6 m

## Nordrhein-Westfalen

*Predigtulme in Homer*
Kreis Borken
Alter ca. 400–600 Jahre
Stammumfang ca. 8,5 m

*Hofulme in Bierde*
Kreis Minden-Lübbecke
Alter ca. 350–500 Jahre
Stammumfang ca. 7,5 m

*Dicke Buche bei Krombach*
Kreis Siegen-Wittgenstein
Alter ca. 220–300 Jahre
Stammumfang ca. 7 m

*Pappel bei Büderich*
Kreis Wesel
Alter ca. 150–200 Jahre
Stammumfang ca. 9 m

## Rheinland-Pfalz

*Dicke Ketsche in Dannenfels*
Donnersbergkreis
Alter ca. 400–600 Jahre
Stammumfang ca. 9 m

## Sachsen

*Dicke Marone in Gersdorf*
Kreis Mittweida
Alter ca. 300–500 Jahre
Stammumfang ca. 8,5 m

*Hufeisenulme in Daubitz*
Niederschlesischer Oberlausitz-Kreis
Alter ca. 350–450 Jahre
Stammumfang ca. 7,5 m

*Platane in Oelzschau*
Kreis Torgau-Oschatz
Alter ca. 180–300 Jahre
Stammumfang ca. 9 m

## Sachsen-Anhalt

*Eiche bei Bischofswald*
Ohrekreis
Alter ca. 400–600 Jahre
Stammumfang ca. 9,5 m

## Ausgewählte Literatur

*Äsop:* Fabeln, Griechisch/Deutsch, Stuttgart 2005

*Alberts, Andreas / Mullen, Peter / Spohn, Margot:* Die Baum- und Strauchapotheke, Kosmos Naturführer, Stuttgart 2004

*Bachofer, Mark / Mayer, Joachim:* Der neue Kosmos Baumführer. 370 Bäume und Sträucher Mitteleuropas, Stuttgart 2006

*Bock, Hieronymus,* Kreuterbuch 1551

*Brosse, Jacques:* Mythologie der Bäume, 5. Aufl., Düsseldorf und Zürich 2003

*Demandt, Alexander:* Über allen Wipfeln – Der Baum in der Kulturgeschichte, Düsseldorf 2005

*Deutsches Sprichwörterlexikon,* hg. v. Karl Friedrich Wilhelm Wander, Reprint Augsburg 1987

*Dreyer, Eva-Maria:* Hundert Bäume, Heimische Arten kennen und bestimmen, Stuttgart 2005

*Dreyer, Eva u. Wolfgang,* Welcher Baum ist das? Stuttgart 2002

*Fuchs, Leonhart:* New Kreuterbuch, 1543, Reprint Köln 2001

*Handwörterbuch des deutschen Aberglaubens,* hg. v. Hanns Bächthold-Schäubli, 10 Bde. 1927–1942, Reprint Berlin 1987

*Hildegard von Bingen:* Heilkraft der Natur – »Physica«: Von den Bäumen, übersetzt v. Marie-Luise Portmann, hg. von der Basler Hildegard-Gesellschaft, Augsburg 1991

*Konrad von Megenberg* (1309–1374): Buch der Natur. Ins Neuhochdeutsche übertragen und eingeleitet v. Gerhard E. Sollbach, Frankfurt/M. 1990

*Kühn, Stefan/Ullrich, Bernd/Kühn, Uwe,* Deutschlands alte Bäume, München 2003, 2. Aufl.

*Laudert, Doris,* Mythos Baum. Geschichte, Brauchtum, 40 Baumporträts, München 2004

*Lonitzer, Adam:* Kreuterbuch, 1577

*Plinius d. Ä.:* Naturkunde/Naturalis Historia: Botanik: Nutzbäume, hg. v. Roderich König u.a., München 1994

*Ovid,* Metamorphosen, Zürich 1958

*Reallexikon der germanischen Altertumskunde,* begr. von Johann Hoops, 33 Bde., 2. Aufl., Reprint Berlin 1972–2006

*Sprengels, Peter Nathanael:* Handwerke und Künste in Tabellen. Fortgesetzt von O. L. Hartwig, Berlin 1773

*Strassmann, Renato:* Baumheilkunde. Heilkraft, Mythos und Magie der Bäume, 5. Aufl., Aarau/Schweiz 2006

*Zedlers Universallexikon,* 64 Bde, 1732ff., Reprint Graz 1982

## Bildnachweis